JOMON

縄文の神様

日本人のルーツは
古代から伝わる神話にある

小名木善行 著

はじめに　日本人のルーツである「縄文の神様」とは

この本を手に取っていただき、ありがとうございます。

あなたも、かつてこの日本に「縄文時代」という時代区分があったことは、学校で習った覚えがあると思います。

その総年数、約1万4000年。これほどの長期間、ひとつの民族が平和を維持しながら高度な文明をおこしたという歴史は、世界中探しても他に見つかりません。

縄文時代は、

・草創期が、今から1万7000年～9000年くらい前
・早期が、9000年～6000年くらい前
・前期から晩期が、6000年～3000年くらい前

とされています。

縄文文明について、学校ではそれほどくわしく習ってこなかったと思います。

ですが、現在は遺跡からさまざまなことが判明し、単純な原始時代ではなかったという証拠がたくさんあります。

そんな縄文時代の素晴らしさについては、拙著『縄文文明─世界中の教科書から消された歴史の真実』（以後『縄文文明』）に譲るとして、この本ではその縄文時代から続く日本古来の神々がどういう存在であるのか、また、縄文人がどのような信仰心を持っていて、それが現代の日本人の精神性にどうつながっているのかを考察していきます。


日本人の「神」に対する観念は、全知全能の人格神ではありません。「役割」や「働き」としての側面が強いとされています。生きている人々は皆、その「神の卵」であり、その考え方が庶民を尊重する日本独自の文化を育んできました。

ところが、今、日本人はそれを忘れかけています。


「民族（国）が滅びる三つの条件」というものを聞いたことがあるでしょうか？

そのひとつが、「12歳までに土着の神話（歴史）を言い伝えられていない民族は、例外なく100年以内に滅びる」というものです。

実際、戦後、GHQは日本を弱体化させるために、日本人であることの自覚や意識を、人々から奪い取ろうという施策を実行しました。そのひとつが「日本人のための、日本人による神話教育の禁止」だったのです。


日本はそれまで自分のご先祖をずっとさかのぼっていったのが「神」である、という考え方をしてきました。だから、すべての人の中心に神の御霊《みたま》が存在しており、どんな人も死んだら神になるのだと知っていたわけです。

日本人にとっての土着の神話とは、まさにご先祖と自分自身の物語であり、それを「神語《かむがたり》」として言い伝えてきました。それこそが、本書でお伝えする縄文の神様についてのお話です。


そうした神話が我が国で語られなくなってから約80年が経ちました。日本人は少子化になり、若者が自殺し、さらにすべての国民から知性と健康が奪われています。

今の日本はとても元気がありません。

「ミドルエイジクライシス」という言葉にもあるように、30代後半～50代くらいにかけて、自らの人生の指針や生きがいを失い、うつ状態に陥る人が急増しています。日本は若者の希死念慮が高いことを懸念してきましたが、ここまでくると年齢など関係ありません。

「自分はなんのために生まれてきたのか」

こんな思いに駆られている人も多いのではないでしょうか。

日本人として生まれたからできること。それを客観的に捉えることが大切です。だから、本書を通じて、あなたなりの「日本人らしさ」を実感してもらいたいのです。まさに日本人としてのアイデンティティを皆で取り戻しましょう。

日本人は、深夜、一台も車が通っていない道路で信号待ちをします。誰も見ていなくてもお天道様が見ているからです。

物にも魂が宿るとし、使っている道具を粗末にせず、感謝します。

大樹があれば、神木として感謝します。

初日の出を拝むために早起きします。

命をいただくことへの感謝の意を、「いただきます」と言いながら手を合わせることで表現します。

そして、森羅万象に神を感じます。

特定の宗教に入っていなくても、日本人の6割が「神様はいる」と捉えているのです。ではその日本における神とはどんな存在なのか、諸外国が信仰する一神教との違い、神と日本特有の統治システムなどを確認しながら、一緒に学んでいきましょう。

本を読むことの目的は、単なる知識の習得にとどまらず、楽しみや感動、そして学びを通じて自らの人生を開くことにあるのではないでしょうか。

著者として、誠実にテーマを掘り下げました。

この本があなたの人生にとって、何かしら良い影響をもたらすことができれば、この上なく幸せです。

雪の降る2月に

小名木善行

もくじ

第1章 日本における「神」の概念

第2章 世界の神々と日本の神々

第3章

縄文の神々と世界の文明

未来への提言

序論

神話を通して見る日本という国

日本人の「神」に対する観念は、他の宗教的な神概念と異なり、人格神ではなく「役割」や「働き」としての側面が強いとされています。そこで、この独特な神様観が縄文時代から継続してきた可能性について探っていきます。

またここでは、日本文明がいかにして独自の発展を遂げ、世界の文明史の中でどのような位置づけにあるのかも考察していきます。

縄文文化の持続性や、その精神性が現代にも通じる知恵であるという仮説を、皆様と検証していきます。

私たち自身が未来の神となる日

神とは「超越的存在」ではなく「役割」や「働き」

日本人にとって神とは、別世界の超越的な存在ではなく、身近なものです。それは、自然の中に、日々の暮らしの中に、そして私たち自身の中にも宿《やど》るものです。特定の誰かではなく、長いときを経てその役割を担《にな》う存在となるもの。

こうした考え方は、縄文時代から受け継がれ、今に続いています。

西欧的な思想になれた私たちは、「神」と聞くと、全知全能であり、奇跡を起こす超自然的な存在を思い浮かべがちです。

しかし、日本の神々は、そのような「創造神」や「絶対神」ではなく、**幾世代にもわたって社会を支え、知恵を後世に伝えてきた人々が神格を得たもの**と考えられます。日本では、神とは「特別な存在」ではなく、「役割を担う存在」であり、また、その役割は世代を超えて継承されるものであったのです。

この考え方は、大和言葉《やまと》の「ひと」にも表れています。「ひと」という言葉は、単なる「人間」という意味ではなく、「霊《ひ》・止《と》」――つまり、霊が宿る存在を意味します。日本においては、肉体（身）は単なる乗りものであり、本質は霊（ひ）にあると考えられてきたのです。

この霊は、輪廻転生をくり返しながら魂を磨き、やがて神へと昇華します。つまり、何度も生まれ変わって、一定のカルマを消化することで、私たちの霊は神となる。これを「神上《かむあ》がり」と言いました。

縄文以来、これは単なる思想ではなく、「真実」と考えられてきたのです。「袖《そで》すり合うも他生《たしょう》の縁《えん》」という言葉に見られるように、偶然の出会いですら、過去生からのつながりであると考えられてきました。人は生まれ変わりながら、霊性を高め、やがて神上がりする。ここに、日本における縄文以来の神様観の本質があります。

未来の社会を形作るのは、私たち一人ひとりの選択

私たちは今、この時代を生きています。しかし、私たちの存在は決して「今この瞬間」だけに限定されるものではありません。私たちは過去からのつながりの中で生きており、また「未来へとつながる存在」でもあります。

日本の神様観において、神とは「超越的な存在」ではなく「役割」や「働き」そのものであると述べましたが、その役割は特定の誰かだけが担うものではなく、私たち一人ひとりが日々の選択を通じて形作っていくものです。

この未来志向の考え方は、日本における「神の選択」という概念とも深く結びついています。

日本の神々は、人々の祈りによって生まれ、また人々の行いによってその力を発揮すると考えられてきました。

神社の神々も、ただそこに存在するのではなく、人々が日々参拝し、祭祀《さいし》を行い、

敬意を払うことで、その力を持ち続けると考えられてきたのです。

逆に人々が神を忘れ、祀ることを怠れば、神々はその力を失い、社《やしろ》は荒廃します。

実際、「御霊移《みたま》し」といって、小さな古い祠《ほこら》におわす神様を、新しい祠にお移しすると、それまで何ともなかった祠が、突然、見るも無惨に朽《く》ち果てていく様子を、ご覧になられた方も多いと思います。神様は、間違いなく、そこにおいでになられるのです。

そして現代を生きている私たちもまた、いつの日か、神となる日がやってくるのです。未来の社会は、政府や大企業によって作られるものではありません。私たち一人ひとりの意識によって形作られます。日々の選択、価値観、行動の積み重ねが、次の時代の基盤です。

そして、その意識の延長線上に、私たち自身が「未来の神」となる日がやってくるというわけです。これこそが、縄文以来の万年の知恵です。

日本人が持つ「神の役割を担う意識」

では、何度も生まれ変わり、その末にどの段階で私たちは神となるのでしょうか。

日本人にとって、「神」とは単なる超越的な存在ではなく、私たちの日常生活と密接に関わるものです。古来より、日本の神々は特定の一柱として固定された存在ではなく、時代や社会の状況に応じて、その役割を変えながら人々の営みを支えてきました。この「神の役割」は、血統や地位によって与えられるものではなく、むしろ私たち一人ひとりが、日々の選択と行動を通じて担うものです。

たとえば、職人が長年の修練を積んで高度な技を極めたとき、その技は「神業」と称されます。また、地域社会のために尽力し、多くの人々に慕《した》われる存在となった人が、亡くなった後に「村の守り神」として祀《まつ》られることもあります。

つまり、**神とは「特別な存在」ではなく、むしろ「役割をまっとうした者が神となる」という考え方が、日本の社会に根づいている**のです。

日本語の「働く」という言葉には、「はた（周囲）をらく（楽にする）」という意味があると言われます。

つまり、単なる労働ではなく、周囲の人々の負担を減らし、社会を円滑に動かす行為が「働く」ことというわけです。そして、こうした働きを積み重ねることが「役割を果たす」ことになるのです。

昔も今も同じです。私たちがどのように生き、何を選択し、どのような価値観を大切にし、役割をまっとうするのか。それこそが、未来の社会を形作る「神の働き」となると考えられてきたのが、日本なのです。

日本の神観

世界の宗教と日本の神観の違い

世界の宗教において、「神」とはしばしば世界の創造者であり、万物を支配する絶対的な存在とされてきました。キリスト教やイスラム教では、神は全知全能であり、人間の行動を裁き、導く存在として認識されています。

一方、ギリシャ神話やヒンドゥー教のような多神教の伝統では、神々はより人間に近い特性を持ち、ときに感情を持ちながら世界を統治するとされています。

これに対し、日本の神々は、特定の人格や超越的な存在ではなく、むしろ「役割」や「働き」としての側面が強調されてきましたね。

具体的に見ていきましょう。

たとえば、天照大御神《あまてらすおおみかみ》は太陽神ですが、これは単に天体としての太陽ではなく、「世を照らし、人々に恵みをもたらす存在」としての働きを象徴するとされています。

また、大国主神《おおくにぬしのかみ》は国造りの神ですが、それは領土の支配者ではなく、「国を整え、民を安寧に導く」役割を果たす神と理解されています。

さらに、日本の神々の特徴として、時代と共にその役割が変化することが挙げられます。

たとえば、恵比寿神《えびすしん》はもともと漁業の神でしたが、後に商売繁盛の神としても信仰されるようになったとされています。

同様に、八幡神《はちまんしん》はもともと応神《おうじん》天皇をご祭神としますが、いつしか武士の守護神として崇められるようになりました。

お稲荷《いなり》さんもまた、もともとは農業の神様でしたが、いつしか商業の神様へとその信仰の対象を広げています。

こうした信仰の流動性は、**日本の社会構造や価値観の変化に神々が適応してきたことを示している**と言うことができます。

このように、西洋の宗教に見られるような絶対的な超越者であったり、支配者だったりする神ではなく、**日本の神が人間社会と共存し、共に変化し、働きを果たす者として信仰の対象になっていた**のです。それはとても温かな心です。

八百万の神々とは何か？

「八百万《やおよろず》の神々」とは、日本における神観の根幹をなす概念です。

これは単に「神の数が多い」とか、８００万柱おいでになるという意味ではなく、**人々の営みや自然界のあらゆるものに神が宿っているという考え方**からきています。

八百万の神々は、人間が転生をくり返し、最終的に神上がりしたご存在でもあります。

縄文以降の話になりますが、おもしろいことにわが国では、特定の神々が永遠に固定された存在として崇拝されるのではなく、社会の変化に応じて新たな神が生まれ、役割を担ってきたという特徴があります。

たとえば、菅原道真《すがわらのみちざね》は学問の神として信仰されていますし、平将門《たいらのまさかど》は関東の守護神として崇められています。

両者ともまさに「人としてこの世での役割をまっとうされ、神上がりされた人物」です。そして歴史を通じて「神」として信仰の対象となってきました。

さらに、地域ごとの神々も、氏神様《うじがみ》として代々受け継がれている神様がおいでになります。

引っ越しをしたときに、「氏神様にちゃんとお参りしなきゃダメだよ」なんて言われたことがあると思います。

「え〜！　氏神様、どの神様かわかんない」とお困りになられている方がときどきいますが、ご心配には及びません。

一般に氏神様というのは、その土地の「産土神様《うぶすながみ》」のことを指します。ですから町内の産土神様（多くの場合、その町の古い町名がそのまま神社名になっています）に、

「引っ越してきました。これからよろしくお願いします」とご挨拶に行けば良いのです。

私たち日本人にとって神様との関係は、単なる個人の信仰という枠組みだけでなく、地域社会の結束や環境保護、倫理意識の形成にも関与しています。

村祭りや鎮守の森、里山信仰など、それらは地域社会の発展と結びついています。現代においても神々の役割が重要視されています。

不思議なことですが、地元の神様を大事にお守りしている街は、商店街にちゃんと活気があり、発展しています。

一方、大規模店を誘致するとか、道路づけを見直すとか、区画整理をするとかで、神様のお社を〝どかした〟街は、どこも残念なことに斜傾化してしまっています。

地域社会の再生、環境保護、倫理観の形成といった現代の課題においても、神々の信仰は重要な役割を果たし続けているのです。

神話から見る天皇の統治とは

日本において、天皇は単なる統治者ではなく、神々と民を結ぶご存在として位置づけられています。

『古事記』に記される「天孫降臨《てんそんこうりん》」の物語では、天照大御神の子孫、神武天皇の曾祖父である邇邇芸命《ににぎのみこと》が地上に降り立たれたことが記されています。これは、天皇が単なる支配者ではなく、神々のご意思を体現し、国の安寧を祈る存在であることを示しているのです。

天皇のお役割は「力による支配」ではありません。「神々と民との共生《きょうせい》」を根幹とするものです。

歴史上、天皇は宮中祭祀を執り行い、五穀の豊穣《ほうじょう》や社会の平安を祈ってこられました。

たとえば、新嘗祭《にいなめさい》や大嘗祭《だいじょうさい》などの祭祀は単なる儀礼ではなく、天皇が神々とつながり民の幸福を祈る、という重要な役割を果たすものです。

また、日本の天皇は、西洋にある王権神授説に見られるような「神々の代理人」ではありません。「神々と直接おつながりになられるご存在」として位置づけられています。

この違いは、統治の形に大きく影響を与え、日本の社会が長期にわたり、安定を保ってきた要因のひとつとなっています。

縄文文化の持続性

世界最古の文明とされる縄文文化

ここで、拙著『縄文文明』を読まれていない方に向けて、世界最古の文明が日本でおこった事実をお話しいたします。

縄文文化は、約1万7000年前に始まり、約3000年前まで続いたとされる、日本列島におけるきわめて長寿な文明期間です。

1万年以上という期間は、世界の歴史においても例を見ないものであり、メソポタミアやエジプト、中国などの都市文明が数百年から数千年の間に衰退していったのとは対照的です。

一般に「文明」とは、文字の発明や都市の形成、中央集権的な政治機構を備えた社会を指します。

ところが縄文文明には、「神代文字」と呼ばれる文字はあったもの、中央集権的な政治機構を備えた巨大都市は確認されていません。

それにもかかわらず、1万年以上にわたって社会が継続し、高度な精神文化を発展させた縄文文明は、「文明の定義」そのものを見直すきっかけを与える独自の存在と言えます。

特に注目すべきは、**縄文期の人々が持続可能な生活を営んでいた**という点です。

世界の他の文明は「農耕と人口集中によって発展」しましたが、縄文文化は「自然との共生」を基盤にしながら、狩猟・採集・漁労・農耕などの多様な食料確保の手段を組み合わせることで、安定した社会を築いていました。

つまり、個々の村落が十分な食料を自給し、災害が起きた際にはまわりの村落と協力し合って持続可能な状態を維持していた、という特徴を持つのです。

西洋は城塞都市をつくることで外敵から身を守り、人口を維持していました。ですが本来、周囲が親戚関係にあり、相互扶助の体制が整っているならば、いざというときに必要となるものは外敵への備えよりも親族間の協力です。

家族を愛し、友を愛し、郷里を愛し、国を愛する心は、いつの時代にあっても万《ばん》古不易《こふえき》の、人々の温かな心です。そしてその心のもとに、高度な精神文化を営んできたのが、私たちの祖先が築いた縄文文明なのです。

「人口集中＝都市化＝発展」という従来の歴史観を覆し、「人口分散＝相互扶助＝持続」という、世界に類例のない文明だったことをご理解ください。

縄文時代が「1万年以上続いた」理由とは

縄文文明が1万年以上続いた背景には、大きく以下の4つの要因があります。

①環境との調和を重視した社会構造

縄文時代の人々は、**自然環境を破壊するのではなく、その恵みを受けながら共生する生き方**を選択しました。森林資源を守りながら利用し、動植物を乱獲《らんかく》せず、持続可能な形で利用する工夫をしていました。

たとえば、縄文時代は栗を栽培していたことが考古学でわかっています。森林を維持しながら、安定的な食料供給を確保する方法を採用していました。

さらに、獲物の狩猟においても、季節や個体数を考慮しながら狩ることで、生態系のバランスを崩さないように配慮していました。こうした自然との共生の意識が、縄文文明の持続の要素となっています。

分散して暮らす人々がそれぞれに環境と調和していくことで、環境との共存が図れるという素晴らしいシステムです。その環境もまた神と考えるなら、それは神々との共存を意味することになるのです。

②分散型の定住社会による安定性

日本列島では地震が頻繁《ひんぱん》に発生します。天然の災害が多い国で巨大都市化していたら、復興が困難です。なぜなら、局所的に大量の食料が必要になるからです。

今、関東に直下型巨大地震がくるかもしれない、と言われていますが、どんな混乱がもたらされるか、それは想像もできないほど恐ろしいことです。

縄文時代に学ぶとすれば、あえて地域ごとに人々が分散して生活することで、被災しなかった人々が被災者を助けることが可能になります。

こうした縄文時代の「分散型の定住社会」が、文化の持続性に大きく寄与したことは、注目に値することです。

縄文時代では、各集落は日常的な交易と、婚姻による血縁化によってゆるやかな形で結びついていました。

異なる地域の資源を「相互に補い合う仕組み」が確立されたのです。現代のフェアトレードにも通じる仕組みです。

この柔軟なネットワークこそが、1万年以上にわたる社会の安定を支えたのです。

③階級社会を持たない平等な社会

縄文時代には、支配階級や強固な身分制度が存在しなかったと考えられています。

エジプトやメソポタミアなどの文明では、王や貴族が絶対的な権力を持ち、階層社会が発展していたことが遺跡からわかっています。

一方、**全国に数万箇所ある縄文時代の遺跡からは、そのような権力構造を示す遺物がまったく見つかっていない**のです。

そこから見えてくるのが平等な社会構造です。争いを最小限に抑え、持続可能な社会を築く要因となったと考えられるのです。

④神と自然への畏敬《いけい》の念

縄文時代の人々は、自然の中に神を見いだし、それを畏敬する文化を持っていました。

環状列石（ストーンサークル）や土偶などの遺物は、祖先崇拝や豊穣祈願の祭祀を行っていたことを示すとされています。

「神々と共に生きるという意識」が社会秩序を保ち、無駄な争いを避ける精神性を育んだのです。

こうした自然との調和、平等な社会、神々への畏敬の念が、1万年以上の持続を可能にしたと考えられます。

逆に、「神々と共に生きるという意識」を失えば、文明がどれだけ進歩しても、そこにあるのは貧富の差であり、格差社会であり、無駄な争いが延々と続く社会になる、ということです。

さらに大切なことは、その後、縄文文明で培った知恵を失わず、あらゆるものに神聖を認めてこれを八百万の神々に発展させたという点でしょう。

もし縄文の神様信仰が一神教であったとしたら、諸外国の歴史のように、その神以外の存在は認められないという社会システムが生まれ、神の存在そのものが格差を生み、恐ろしい争いと民族の分断が現実になっていたかもしれません。

自分がどんな人々の子孫であるのかを意識してみると、また少し違った形で自分のアイデンティティを捉えることができるようになりませんか。

現代の日本人に通ずる縄文的価値観

縄文文明は現代社会に重要な示唆を与えます。そのことを次の3つの点から見てみたいと思います。

①自然と共生する倫理観

縄文人たちは、森や海、川の資源を過剰に利用することなく、**共生の精神**を持って生活していました。このことは、使用する人々が大都市を形成しなかったこととも深い関係性を持ちます。

現代社会の環境問題の解決においても参考になることです。

②共同体意識

縄文時代に個人主義なるものは存在しません。あったのは、**共同体の結びつき**です。食料や資源を分かち合い、相互扶助の精神を大切にすることで、社会の安定を維持したのです。これはすごいことです。

環状列石や土偶、祭祀用土器などの遺物が示すように、縄文人は自然の神々や祖霊を重んじ、祈りと儀礼を通じて集団の結束を強めていました。

この「神との共生」の思想が、日本における社会秩序の基盤となり、共同体の対立を防ぎ、後の時代に継承されていきました。

③「中今《なかいま》」の意識

縄文以来の日本人の時間感覚は、未来は「未（いま）だ来（き）たらず」で、これからやってくるもの、過去は「過（す）ぎ去（さ）る」で、さっていくものです。つまり、**時間の流れは未来から過去へと進んでいく**と考えられていたのです。これは西洋発の時間の概念とはまったく対照的なものです。

西洋では時間は過去から未来に向かって流れます。未来は過去と現在の延長線上にのみ存在します。未来の選択はできません。過去と現在によって、未来が固定されるからです。つまり未来は神のご意思です。

ところが縄文以来の日本人の思想では、未来は「これからやってくるもの」であり、現在の私たちのあり方次第で、良い未来にやってきてもらうことも、良くない未来を呼び寄せてしまうことも可能になります。

そうであれば、今この瞬間に過去に学び、神々のお心のままに、今を生きることで、神々に祝福された未来を呼び寄せることが可能になると、このように考えられてきたのです。

この「良い未来のために現在《いま》（中今）を重視する」という考え方は、現代社会においても有益なものです。

縄文文明が今に残した「知恵」と「精神性」

縄文文明の知恵や精神性は現代の日本社会にも深く根づいています。特に、食文化、信仰、社会観、倫理観においてその影響が顕著です。

縄文人は、狩猟・採集・漁労・農耕を通じて多様な食材を活用し、自然の恵みに感謝する文化を築きました。

この食文化は後の**「和食」の原型**となり、「いただきます」「ごちそうさま」といった命への敬意の表現として受け継がれています。

さらに、日本人の多くが持ち合わせている共同体の調和を重視する「和の精神」。これも、間違いなく縄文時代の名残りと言えるでしょう。

縄文以来の合議制による意思決定や相互扶助の仕組みは、日本の伝統的な組織文化や地域社会のあり方にも反映されているのです。

また、物質的な豊かさではなく、精神的な充足を重視する価値観も、縄文文明から受け継がれた重要な要素です。

このような縄文文明の知恵は、現代社会における環境問題や地域共同体の再生、精神的な豊かさの追求といった課題に対し、新たな示唆を与えてくれます。

特に、これからの社会の構築において、縄文文明の「必要以上に取らない」「自然と共生する」という思想は、今後の日本のみならず世界中が目指すべき方向性を示しています。

縄文文明は決して過去の遺産ではなく、日本人の生き方の根幹をなすものです。そして、それは未来へと活かすべき重要な指針でもあります。

日本がこれからの社会を築く上で、縄文文明の精神性と知恵をどのように取り入れていくかが問われているのです。

文明の流れに関する推察

縄文から弥生へ移っても変わらなかった信仰心

一般的に、縄文時代から弥生時代への移行は「農耕の導入」によるものとされ、狩猟採集社会から稲作を中心とした農耕社会への転換があったと説明されます。

しかし、近年の研究では、縄文時代にすでに稲作は始まっており、縄文時代に生まれた文化の持続性が弥生時代に色濃く受け継がれていることが明らかになっています。つまり、縄文から弥生への移行は「文明の交代」などではまったくなく、昭和が平成に、そして令和に変わったのと同じ、「連続する変化」です。

弥生時代における変化は、大陸からの影響によって、私たちの祖先が「武装せざるを得なくなった」という点に集約されます。

弥生時代はおよそ3000年前から始まりますが、同時代の中国は、まさに戦乱につぐ戦乱の時代でした。

そうした中で、いわゆる敗残兵のような人たちが倭国（当時の日本）へと流れてきて、武装をしていない民衆に対して暴虐な振る舞いをしたとしても、なんら不思議はありません。

私たちの祖先は、そうした暴虐に対して立ち上がり、国を護《まも》り、弱き者を守るために剣を腰に佩《は》き、剣術を進化させたのです。

このことは服装史を見ても明らかです。弥生期に男性は腰に剣、手に弓を持って武装するようになったことがわかっています。

女性たちの服装にも変化がありました。

縄文期の女性は装身具をたくさん身にまとい、ファッションを楽しんでいたことがわかっています。それが弥生に入ると、白地で装身具をまとわない地味なものへと変化しています。

それはまるで、大正デモクラシーの時代に、女性たちが皆ファッションを楽しんでいたにもかかわらず、先の大戦時には防空頭巾《ぼうくうずきん》にモンペ姿になってしまったことと似ています。

けれどもそんな時代にあっても、**縄文時代の「自然との共生」の精神は失われることなく、むしろ神道の原型となる信仰へと発展していった**ことは驚異に値します。まさに万年の知恵なればこそであったと思います。

弥生から古墳時代に入りますと、天皇を中心とした統治体系が形成されました。これは支配型文明の中央集権国家とは異なり、「神々と民をつなぐ役割」としての統治が強調されたものでした。

天皇は、「神の代理」ではなく「神々の直系の子孫であり、神々と共にある存在」として位置づけられたのです。

これは縄文から続く「神と人の共生」の思想が基盤にあったためです。

このように、日本文明の発展は単なる外来文化の受容によるものではなく、縄文時代からの精神文化を基盤にしながら、弥生・古代を経て発展してきたものと捉えることができるのです。

日本文明はどうやって発展したのか

歴史学者、考古学者の中には、「日本文明の形成には、外来文化の影響が無視できない」と、主張する人たちがいます。

しかし、その受容の仕方は単なる模倣ではありません。日本独自の価値観と融合させながら発展しています。このことは仏教や儒教の受容と、その解釈を考えれば明らかです。

仏教は、インドから中国・朝鮮半島を経て日本に伝わりました。しかし日本では**「神仏習合」という独自の形**で受け入れられています。

これは、縄文時代から続く「八百万の神々」との調和を図るための工夫です。なぜ「調和」の道が選ばれたのでしょうか。

それは、日本古来の縄文文明に基づく確立された文明が基礎にあったからと言えるのではないでしょうか。

弥生時代に倭国にやってきた大陸文明である仏教も儒教も、たとえば蘇我《そが》氏と物部《もののべ》氏の対決（飛鳥時代に朝廷で覇権を争った）のように、なるほど倭国国内で多少の混乱を招いた事実はあります。しかし、両氏はどちらも滅んだわけではなく、物部の一族はその後、石上《いそがみ》氏、春日《かすが》氏、弓削《ゆげ》氏、柿本《かきもと》氏などとなって存続したし、蘇我の一族も石川《いしかわ》氏、林《はやし》氏、田中《たなか》氏、川辺《かわべ》氏などとなって今も存続しています。結果として、両方が仲良く共存するという結果を招いています。

もっと言うなら、神社の境内に仏堂が併設される「神宮寺」の存在や、「権現様《ごんげん》」という仏と神が一体化した概念が日本国内で生まれ育まれています。

こうしたことは、どちらか一方が「劣った文明」であった場合には絶対に起こり得ないことです。どちらも素敵なものであったときに、融合という選択が生まれるのです。ということは、**日本には縄文以来の仏教や儒教の教えにも負けない、深い思想が**

すでにあったということです。

中国で統治のための政治思想として発展した儒教でさえも、日本的「倫理規範」として受容されています。

江戸時代の武士道に見られる「忠孝」の思想が、縄文から続く「共同体を守る精神」と結びついたのです。

だからこそ儒教は、わが国においては統治論ではなく、日本社会の道徳的基盤として定着しています。

こうした事例からも明らかなように、日本文明は「独自に発展した」のではなく、「外来文化の中味を選択的に受容しながら、日本の風土や価値観に合わせて発展させてきた」ことが明らかです。

この縄文文明に基づく受容の仕方こそが、日本文明の独自性を生み出しているのです。

未来の文明と日本における次世代の価値観

現代文明では、大量生産・大量消費の経済発展によって繁栄を遂げてきました。

その一方で、環境破壊や資源の枯渇、社会格差の拡大といった深刻な問題が生じるようになりました。

これらの問題は、これまで世界で提唱されてきたあらゆる理念で、すでに解決不能の状況にまで至っていると言われています。

ところがここに持続可能な文明への転換の鍵となる文明があるのです。それが「縄文の神々」のご意思のもとにある「縄文的価値観の再評価」です。

これからの時代に必要になるのは、調和と循環の思想だと言われています。

縄文時代の人々は、自然と共生し、必要以上に資源を消費せず、共同体を基盤とした社会を形成していました。

これは、環境問題や人口減少が進む現代に貴重な知恵を提供するものです。

また、精神的な充足を重視する価値観も、未来社会において大きな意味を持ちます。経済成長が幸福に直結しないことが明らかになりつつある現代において、**縄文の神々の「互いを尊重して結ぶ」という価値観は、新たな幸福観のモデルとなる**可能性があります。

さらに、テクノロジーの進化によって、人と人とのつながりが再構築される中で、日本が持つ「八百万の神々」の思想が新たな形で活かされる可能性もあります。神々が特定の支配者ではなく、人々の暮らしの中に共存する存在であるように、未来の社会もまた、中央集権的な統治から分散型の共生社会へと移行していくことになります。

その中で、日本が培ってきた縄文由来の精神文化や社会構造が、次の時代の文明モデルとして注目されることになるのです。

したがって、縄文文明の持続性とその価値は、過去の遺産ではなく、未来の指針として再評価されるべきものなのです。

第1章 日本における「神」の概念

日本において「神」とは、特定の個人や存在ではなく、世代を超えて継承される「役割」や「働き」として捉えられてきたという側面があります。これは縄文時代から続く社会構造の特性から生じ、現代における神道の八百万の神々の概念にも通じるものと言えます。

天皇をはじめとする歴代の「祭祀者が神の役割を担うという仕組み」によって、社会全体がひとつの生命体のように機能するのです。ここに日本独自の文明観の本質があります。本章では、日本の神観が具体的にどのように機能してきたのかを掘り下げていきます。

神々の名は特定の個人ではなく役割

日本の神は「個人」ではなく「役割」

日本における神の概念をさらに深く考察すると、「神とは個人ではなく、その役割を果たすことによって生まれるもの」であることが見えてきます。

この考え方は、自然崇拝の時代から続くものであり、縄文文化の精神性に根ざしています。

たとえば、神道では「○○の神」といった表現が多く見られます。

「農業の神」「学問の神」「商売繁盛の神」といったように、神はその性質や機能によって分類され、それぞれの分野で特定の働きを果たすものとされます。

これは、**「神とは特定の個人ではなく、特定の役割を担う存在である」**という思想に基づいています。

職業や技術に関しても、日本では「神の働き」が宿ると考えられました。刀鍛冶や宮大工、陶芸家などの職人たちは、「神の手を持つ者」とされ、極められた技術は「神業《かみわざ》」と称されました。

こうした考え方は、ただの職業倫理にとどまらず、日本の社会全体において「人は役割を果たすことで神に近づく」という、きわめて独特な日本的価値観を形成するものとなりました。

国家的な神事の継承

日本において天皇は、諸外国に見られる国家元首ではありません。「神の役割」を担う存在として位置づけられてきました。

昭和天皇の時代に「天皇人間宣言」などと騒がれたお言葉がありましたが、宣言するまでもなく、天皇は人間です。

けれどそのお役目は、国の「統治者」としての政治権力者ではなく、神につながる「祭祀者」として、神々と国民との関係を維持し、国の安寧と民の幸福を祈ることにあります。ここに大切な日本的思考があります。

それは、**「神々とつながる祭祀者を、我々は神にもっとも近いご存在と考えてきた」**という点です。

天照大御神《あまてらすおおみかみ》は太陽神です。けれど太陽そのものを崇拝するのではなく、我々の祖先は、その太陽神に仕える人を、神に近い存在と考えてきたのです。

その人は、女性の巫女であったり、男性の神官であったりしたことでしょう。生きている人には寿命があります。ですからそれら巫女や神官は、寿命がきて、その役割を次世代にバトンタッチします。

こうして代々神に仕えた人を通じて、日本人は神の声を聴いてきたのです。

個人も神々に祈りを捧げます。けれど大多数の人々の望みや幸せを願うのは、個人でまかなえるものではありません。

だから、そうしたお役目を、誰かにしていただく。それが天照大御神であれば、その血統であり、天照大御神の霊を受け継ぐ人に、大神官や大巫女になっていただく。有名な『魏志倭人伝』の卑弥呼《ひみこ》は、姫巫女《ひめみこ》のことであるという説があります。まさにそうした「皆の幸せ」を願う温かな祈りを委ねるに、もっともふさわしいのは、血統、霊統がふさわしいお方ということになります。

こうした視点で天皇が行う宮中祭祀を見ると、まさに日本における「神の働き」が世代を超えて受け継がれていることに気づくことができます。

天皇がその役割を果たすことによって、社会全体がひとつの生命体として機能する仕組みの要となってきたのです。

武士や職人に受け継がれた「神の役割」―生活の中の神性

天皇だけでなく、武士や職人といった社会の実務を担う人々も、神の役割を引き継いできました。

たとえば、武士道の精神には、「己を磨き、正しきを貫くこと」が根幹にありました。

この倫理観は、武士の役割とは社会の秩序を護《まも》ることである、という神聖な志《こころざし》に根ざす意識と結びついていました。

また、職人の世界では、「技を極《きわ》めること」が「神の働きを受け継ぐ行為」と考えられてきました。**日本では単に権威を持つ者や特別な能力を持つ者だけでなく、社会のあらゆる階層において「神の役割」が受け継がれてきた**のです。

あなたを含む誰もが「神になる」

日本において「神になる」という概念は、単に死後の神格化を意味するものではありません。

それは、**「生前に果たした役割が、社会の中で受け継がれ、神として祀られるようになる」**という思想に基づいているものです。

たとえば、菅原道真が学問の神、徳川家康《とくがわいえやす》が東照大権現《とうしょうだいごんげん》として祀られたのは、彼らが生前に果たした役割が社会にとって不可欠なものだったと認識されたからと言えます。

また、「神になる」という思想は、祖先信仰とも結びついています。**日本では縄文以来、祖先の魂が「神霊」となり、子孫を見守る存在になる**と考えられてきました。

このことは、縄文時代の「集落跡の真ん中に墓地が存在している」ことで明らかとなります。死者と生者が共存してきたのです。

死ねば、家の守り神、村の守り神、郷里の守り神、国の守り神となると考えられてきたのです。

この考え方は、単なる宗教的な信仰を超えて、共同体の結束や倫理観の形成に大きな影響を与えてきました。

考えてみてください。自分が死んだら、家の守り神になるのです。守り神になるつもりで家に戻ってみたら、子や孫たちから「ようやくいなくなったと思ったら、今度は神となって戻ってきた。冗談じゃあねえよ」なんて言われたら、とても悲しいことです。

そうではなく「じいちゃん、ばあちゃん、俺たちしっかり生きていくから、見守っていてくれよ」なんて言ってもらえたらとてもうれしい。

そうなるためには、生き様で愛される人物になっていなければならないのです。

要するに日本における神の概念は、縄文文明の価値観に由来し、特定の個人ではなく、「役割」や「働き」として存在してきたのです。

この思想は、天皇の祭祀から日常の我々の家庭生活に至るまで、社会のあらゆる場面に息づき、日本の文化や社会制度の基盤を形成してきたのです。

世代を超えた継承

役割を受け継ぐ「神の継承」とは？

日本において、神々は単なる個人的な信仰対象ではなく、社会の中で世代を超えて受け継がれるものです。

神道では「神を祀る」という行為そのものが神々の力を継承した行為であり、社会の秩序を維持する役割を担います。

縄文時代の人々もまた、祖先の霊を敬い、自然界のあらゆるものに宿る神々を崇《あが》めながら、神々の力を受け継いで暮らしていました。狩猟や漁労、農耕に携わる人々は、自然界の神々と共に生き、生活を維持するための知恵や技術を次の世代へと伝えていきました。

縄文時代の遺跡を調査すると、環状列石（ストーンサークル）や祭祀用の土器、土偶などが発見されています。

これらは、祖先や自然神を祀る儀式が行われていた証拠とされています。縄文人は、祖霊や土地の神々と対話し、それらを守りながら生活を営むことで、社会の秩序を維持し、集団の結束を強めていたのです。

この考え方が、**弥生時代以降の氏族制度や神社の形成へとつながり、やがて皇統や地域社会における「神の継承」という形で発展していった**のです。

各地の神々は、それを信仰する共同体によって守られ、ときには新たな役割を与えられながら、次の世代へと伝えていく。こうした「神の継承」という思想は、現代の神社信仰や家系の祭祀にまで深く関わるものとなっています。

天皇はどうして神の役割を担うようになったのか

日本の天皇は、古代から「神の役割を担う者」として位置づけられてきたお話はこれまで何度かお伝えしてきました。それは、**日本の統治が単なる権力行使ではなく、「神々と人々を結ぶ」ものとして捉えられてきた**ことによります。

では、実際に天皇が神の役割を担うようになったのはいつからなのでしょうか。

それは、第33代推古《すいこ》天皇という女性天皇の時代からです。

日本でも、それまでの天皇は「おおきみ」と呼ばれ、まさに政治権力者でした。ただし諸外国と明らかに違っていたことは、皇后もまた天照大御神《あまてらすおおみかみ》の霊を受け継ぐ女性であったという点です。皇后が夜明け前に神々に祈りを捧げられ、そのご神託に基づいて、夜明けから政治が行われていました。

このことは、第1回遣隋使に際して、『隋書・東夷傳俀國傳』に次の記載があることで明らかです。

隋の高祖の文帝の問いに、日本からの遣使は次のように答えています。

【原文】

開皇二十年 俀王姓阿毎 字多利思北孤 號阿輩雞彌 遣使詣闕 上令所司訪其風俗 使者言
俀王以天爲兄 以日爲弟 天未明時出聽政 跏趺坐 日出便停理務 云委我弟 高祖曰 此太
無義理 於是訓令改之

【読み下し文】

開皇20年、俀《わ》王、姓は阿毎《あま》、字は多利思北孤《たりしひこ》、阿輩雞弥《あめぎみ》と号《ごう》し、使いを遣《つか》わして闕《みかど》に詣《まい》らしむ。上、所司《しょし》をしてその風俗を問わしむ。使者言う、俀王は天を以て兄《あに》と為《な》し、日を以て弟《おと》と為す。天未《あめいま》だ明けざる時に、出でて政《まつりごと》を聴くに跏趺《かふ》して坐《ざ》す。日出ずれば、すなわち理務《りむ》を停《とど》めて、わが弟に委《ゆだ》ぬと云う。高祖曰く、此れ太《はなはだ》義理なし。是に於て訓《おし》えて之を改《あらた》めしむ。

ここに書かれていることとは、隋の高祖が役人を通じて倭国の風俗を尋《たず》ねさせたところ、使者は「倭王は、天を兄とし、日を弟として、まだ天が明けない時に出て、跏趺《かふ》（両の足の裏が上を向くように足を組んで座ること）して坐りながら、政を聴き、日が昇ると政務を弟に委ねる」ということです。

高祖は「それは甚《はなは》だ不合理だから改めるよう」訓令したというようなことが書かれています。

けれどこの時代、大和言葉で「おと（弟）」といえば夫のことです。妻が「いも（妹）」です。

つまりこの文章は、**「夜明け前に女性である皇后陛下が神々と対話され、日が昇ると、その結果を夫に伝えて、夫はその内容に沿って政治を行う」**ということを書いているのです。

わが国では、縄文の時代から、男女は対等です。

そして神々と直接対話できるのは、女性だけに与えられた特権と考えられてきたのです。

たとえば天宇受売命《あめのうずめのみこと》は、女性です。

その名のとおり、天の声を受け、皆に伝える（売る）お役目の神様です。

皇后陛下は天照大御神の直系の霊を受け継ぐ者と決まっていて、子という新しい命を生み出す力を持つ女性は、そのまま神々とつながることができるとされていました。

そして中今の選択次第で、良い未来を招くことができると信じられてきた、というわけです。

ところが、ある事件によって状況が変わりました。

第32代崇峻《すしゅん》天皇が、国内の利害の対立に巻き込まれて暗殺されてしまったのです。

こうなると次の天皇のなり手がいない。そこで天皇を4代さかのぼった第29代欽明《きんめい》天皇の娘であり、第30代敏達《びだつ》天皇の妻であられた推古《すいこ》天皇に、皇位を継承していただいたのです。

けれど女性の役割は、神々とつながることです。そこで政治に関しては聖徳太子が全権を担うという仕組みができたのです。

こうして推古天皇の時代以降、天皇は国家最高権威として神々にお仕えするお役目となり、責任を伴う政治は、天皇の下にある摂政関白、あるいは太政大臣、左大臣・右大臣といったお役目の人が行う形に変わっていったのです。

これらは7世紀の出来事です。

それまでの日本では天皇家でなくとも、代々、妻が神とつながり、夫が責任を持って家族を養うという姿が常識とされていました。

そして、同じく女性天皇であられる第41代持統《じとう》天皇の時代に、天皇のご存在と、わが国の縄文以来の神話を融合させた史書『日本書紀』の編纂《へんさん》が開始されました。

以後、『日本書紀』はわが国の歴史教科書として、長年にわたって用いられました。

それにより神々にもっとも近い存在の天皇が、民衆を「おほみたから」とする、という究極の民主主義が成立していったというわけです。

天皇が「神の子孫」とされるのは、単に神話的な伝承ではなかったということがおわかりいただけたかと思います。

日本の家族制度と「神」の継承

日本における神々の信仰は、地域ごとの氏族《しぞく》によっても継承されています。縄文時代に見られる「土地神」や「祖霊信仰《それいしんこう》」が、そのまま弥生時代以降の氏族制度へと組み込まれた結果と言えます。

神社の多くは、特定の氏族が守る氏神《うじがみ》を祀る場所として発展しました。たとえば、出雲《いずも》大社は出雲氏が守る神社であり、春日大社は藤原氏の氏神を祀る神社です。

これらの神々は、単なる信仰の対象ではなく、氏族のアイデンティティそのものであり、世代を超えて受け継がれる存在となりました。

ちなみにアイデンティティという用語は、日本語で「自己同一性」と訳されますが、これでは意味がさっぱりわかりません。

アメリカ人のアイデンティティ、イギリス人のアイデンティティという言葉があるように、アイデンティティとは「国民精神」のことを言います。

氏族制度のもとでは、それぞれの氏族の同族精神と言えるものが、まさに氏族のアイデンティティ、言い方を変えれば、それが「氏族精神」となります。

そして、こうした神々の継承が、縄文時代の「祖先を祀る」という文化の延長線上のものとして定着していきました。

縄文人は、亡くなった先祖の霊を大切にし、それを村の守り神として祀ることで、共同体の結束を強めていたのです。彼らは土偶や墓地を通じて先祖とのつながりを保っていました。

この考え方が弥生時代以降の氏族制度へと発展していったのです。日本の氏族制度において、祖先崇拝はきわめて重要な要素です。

祖先崇拝が、弥生時代以降、家族が世代を超えて祖先を祀るという伝統へとつながっていきました。

神道における「家の神棚」、盆やお彼岸の「墓参り」という習慣は、まさに縄文時代の祖先崇拝が形を変えて受け継がれてきたものだったのですね。

個人主義と社会の変化で神の継承はどうなったか

近代化が進むにつれ、日本社会における「神の継承」に変化が生じています。

かつては家族や地域ごとに継承されてきた神々が、個人主義の広がりと共に、次第にその役割を失いつつあります。これは、縄文時代から続く「共同体を基盤とした社会」が弱まりつつあることを示しています。

しかし、その一方で、地域の祭りや伝統文化の復興が進んでいることも事実です。これは、**日本人が無意識のうちに「神の継承」の重要性を理解し、それを現代に適応させようとしている証拠**とも言えます。

日本の神々は、世代を超えて継承される存在です。

その起源をたどれば、縄文時代の祖霊信仰や自然崇拝に行きつくということをご理解いただけたかと思います。

家族、氏族、国家を通じて受け継がれてきた神々は、単なる信仰の対象ではなく、日本社会の構造そのものを支えてきたのです。

この神々の継承こそが、日本文明の持続性の鍵であり、未来へとつなぐべき重要な要素と言えます。

日本文明の独自性の形成

「神の継承」が社会の安定を生んだ

日本文明は、古代から一貫して「神の継承」を社会の根幹として維持してきました。これは単なる宗教的な信仰の問題ではなく、社会の安定や統治の仕組み、文化の継続性と密接に関わっています。

縄文時代の自然崇拝や祖霊信仰から始まり、古代大和朝廷時代の祭祀制度、氏族の形成、皇統の維持、さらに神社制度の確立へと展開していった日本の神様観は、長い歴史の中で「社会制度そのもの」として機能してきたのです。

そこで日本における「神の継承」がどのように社会の安定をもたらし、それが統治機構や国家運営とどのように関わってきたのかを考察します。

また、国家神道と民間信仰の関係を整理し、日本文明の持続性が「神の役割」によってどのように支えられてきたのかを探ります。

そして、近代以降の社会の変化に伴い、「神の概念」がどのように変容したのかについても触れ、日本文明の独自性がどのように維持・発展してきたのかを考えていきます。

「政」の語源

日本の統治の概念を理解する上で、「政《まつりごと》」という言葉の語源を考えることはきわめて重要です。

この言葉は「祭《まつり》」と「事《こと》」が組み合わさったものであり、日本の統治が神々への祭祀と不可分であったことを示しています。

縄文時代の社会では、統治という概念は現在のような中央集権的なものではなく、各共同体がそれぞれの神々を祀りながら、自律的に運営されていたという特徴があります。集落の中には、神事を司る人物が存在し、重要な意思決定は神々への祈りを通じて行われていたと考えられます。

この仕組みは後の「政（まつりごと）」として、日本の統治機構の基本的な枠組みを形成していきました。

推古天皇の時代以降、天皇は国家最高権威として神々にお仕えするお役目となり、責任を伴う政治は、天皇の下にある摂政関白、あるいは太政大臣、左大臣・右大臣といったお役目の人が行う形に変わっていったというお話をしました。

天皇は「天照大御神の子孫」とされ、神々と直接つながるお役目です。

ということは、**天皇が政治権力を行使して、何らかの政治責任を受けることになれば、我々国民（天皇の民・臣民）は、神々とのつながり、とりわけ最高神であられる天照大御神とのつながりを失う**ことになります。

だから天皇と政治権力（政治責任）は、古代において完全に切り離されたのです。

このことをアメリカが戦後の日本国憲法において、「天皇は国家の象徴（シンボル）であり、国民統合の象徴（シンボル）」と書いたことは、ある意味実に的を射ていたと言えます。

なんと西洋化を急いだ日本人より、アメリカ人の方が日本の形をしっかりと分析し、認識していたのです。

私は、日本人はこのことを猛省しなければならないと感じています。

これに関連して、戦前において、「天皇機関説」と「天皇主権説」が論争になったことがあります。

昭和10年3月には、ときの岡田《おかだ》啓介《けいすけ》首相が、議会で「天皇機関説」への反対を表明した、などという事件もありました。

「天皇機関説」というのは、日本国を法人とみなし、天皇をその法人の「機関」とする考え方です。戦前の法学者美濃部《みのべ》達吉《たつきち》氏などによって提唱された説です。

一方、「天皇主権説」は、大日本帝国憲法の第一条を根拠に、「主権は天皇にある」とする説です。これは憲法学者の穂積八束《ほづみやつか》氏や哲学者の上杉慎吉《うえすぎしんきち》氏などによって主張された説です。

しかしこの2つは、どちらも西洋の政治モデルを日本に当てはめようとする試みです。日本の歴史と文化に根ざした国家観ではないのです。

西洋では、国王は強大な政治権力を持つ君主であり、主権者です。

しかし日本の天皇は、国の「所有者」であっても、政治権力を行使する統治者ではありません。日本の政治システムは天皇が権力を持つのではなく、古くはその機能を朝廷が、後には幕府が、そして近代以降は内閣などが政治権力を担う形になっています。

つまり、**西洋のように「天皇＝君主＝統治者」とする考え方自体が、日本の国体と相容れない**のです。

日本では、権力を行使する者と、国家の権威を象徴する者が分離されています。

これは、わが国が2000年の歳月をかけて築き上げてきた独自の秩序であり、ヨーロッパの君主制とはまったく異なるものです。

すなわち、天皇機関説も天皇主権説も、どちらも誤りなのです。

日本における天皇の役割を考える際に重要なのは、「権力」と「権威」を分けて考えることです。したがって日本における天皇の存在を理解するためには、西洋的な概念にとらわれず、日本独自の国家観を見直すことが不可欠です。

この視点が抜けていると、戦前の学者たちが議論したように、日本の政治体制を見誤ることになるでしょう。

国家神道のなり立ちと民間信仰

国家神道が創られた理由

明治時代に入り、天皇を中心とした近代国家の形成が進む中で、国家神道が確立されました。

これは天皇の権威を神聖化し、日本国民がアイデンティティを意識するのに重要な役割を果たしたとされています。裏を返せば、**日本人が持つ神々への信仰を、国の統治原理と結びつけたものだった**と言えます。

大日本帝国憲法自体が、日本を西洋的近代国家に近づけるためにと、プロイセン王国の憲法を模倣して書かれたものです（プロイセン王国は、とっくの昔に滅んでいます）。

明治政府は当初、日本を近代国家に仕立てるため、天照大御神を西洋におけるキリスト教の最高神と同じ位置づけにしようとしました。そしてそのために仏教を全面的に否定する廃仏毀釈運動なども仕掛けています。

振り返ってみると、なるほど戦争に強い西欧の文明を取り入れて、富国強兵を図ろうとしたのでしょう。

そうでもしなければ、当時の日本が生き残れなかったことは事実です。

ですが、だからといって国の形まで、1000年も遅れた西欧の体制をありがたがったことは、やや行き過ぎであったと感じます。

これまでお伝えしてきたように、わが国における神々は、それぞれが「役割」であり、人々の生活を支えるものであって、決して上から支配する存在ではありません。

これはあたりまえのことです。

社会の未来は、今を生きている我々自身が切り開いていかなければならないからです。いくら祈っても、苗を植えなければ、お米は収穫できないのです。

民間信仰はどうなったのか

一方で、庶民の間では、地域ごとの神々への信仰が維持され続けました。

氏神や産土神《うぶすながみ》といった概念は、地域の共同体意識を強める役割を果たし、日本の社会構造の維持に貢献しました。

さらにお伊勢様《いせ》（伊勢神宮）や、出雲大社、鹿島《かしま》神宮、香取《かとり》神宮、熱田《あつた》神宮、石上《いそのかみ》神宮、橿原《かしはら》神宮、伊弉諾《いざなぎ》神宮、霧島《きりしま》神宮、英彦山《ひこさん》神宮、鵜戸《うど》神宮など、全国諸所の神宮や官幣大社には、参拝者が集います。

また地域の一宮や氏神様なども、大切に尊崇されてきました。

その意味では、**西洋かぶれした政府よりも、民間の方がはるかに神様のことをわかっていた**ことがうかがえます。

これもまた、**日本らしさのひとつ**と言えるのではないでしょうか。

国家というものは、国民の集合体です。

そうであれば、他所の国からどうこう言われたということではなく、日本人が、日本人による、日本人のための神社仏閣をしっかりと護ることができる、そんな政治が望まれると思います。

現代社会における「神の概念」の変化

現代社会において、「神の概念」は個人の信仰へと移行しつつあるという側面があります。

①伝統的な信仰の変化

都市化や個人主義の台頭により、地域ごとの神々への信仰が希薄になりつつあります。

しかし、神社参拝や伝統的な祭りは、依然として多くの人々に受け入れられており、

「神の継承」の形は変わりながらも存続しています。

② 未来に向けた「神の継承」

今後の日本社会において、「神の役割」をどのように継承していくのかは、重要な課題です。

これは宗教的な問題ではありません。

そもそも「宗教」という用語自体が幕末に作られた言葉です。

江戸時代の終わり頃まで、日本には、宗門とか、宗旨といった言葉はありましたが、「宗教」なんていう言葉自体がなかったのです。

今、わずか160年前の幕末よりも、もっとはるかに何百年も何千年も前の古い神社や仏閣が、不思議なことに「宗教法人法」によって管理されています。

これはおかしな話です。

本来なら、それらは「文化財保護法」によって、国がしっかりと保護していかなければならないものではないでしょうか。

こうしたことができないのなら、日本は、万年の単位で継続してきた文化性を失うことになります。

ということは、**「日本がなくなる」**ということです。

世界最古の文化遺産と呼ぶことができるのが、縄文文明です。その日本独自の文明を、私たちの世代で失うことは、決してあってはならないことだと思います。

第2章　世界の神々と日本の神々

古代文明は、それぞれ独自の神々を崇拝し、社会の秩序を築いてきました。本章では、世界の古代文明における神々の役割を分析し、それと対比しながら、日本の神々が持つ特異な性質に迫ります。特に、日本の神々の名前に込められた意味や、神話が示す社会構造の本質を読み解くことで、日本文化の根底にある「神」との関係性を明らかにしていきます。

世界の古代文明とその神々

ピラミッド文明の成立と支配の構造

ピラミッドは古代エジプト文明の象徴であり、単なる王墓ではなく、国家統治の要でもありました。その建設は紀元前2700年頃に始まり、最初のピラミッドはジェセル王の「階段ピラミッド」と言われています。

設計者である大神官イムホテップは、のちに神格化されるほどの人物でした。

その後、建築技術が進化し、ギザの大ピラミッドに代表される「真正ピラミッド」が誕生したとされます。

その建設は、主に以下の目的で建造されたと考えられています。

① 王権の強化

ファラオは「神の子」とされ、その権威を視覚的に示すためにピラミッドを建設しました。ピラミッドは「死後も王が神と共に生き続ける」ことを象徴し、統治の正当性を確立する役割を果たしました。

② 宗教的意義

ピラミッドの形状は、創造神アトゥムが現れた「ベンベン石」に由来するとされ、王の死後、神と合一するための階段を象徴していました。

③ 労働力の管理と経済活性化

ナイル川の氾濫期には農作業ができず、その間に多くの労働者がピラミッド建設に動員されました。これにより、国家は労働力を有効に活用し、経済の循環を促しました。

ピラミッドの建設には高度な技術が必要でした。石灰岩や花崗岩がナイル川沿いの採石場で切り出され、船で運搬され、スロープを用いて積み上げられたと考えられています。また、ピラミッドは正確に東西南北を向き、高度な天文学と測量技術の結晶でした。

この**巨大建造物の建設は、エジプト社会全体に統治機構を根づかせる役割を果たした**とされます。王の権威を強調し、大規模な公共事業を通じて国家の結束を高める効果があったと言うのです。

ピラミッド建設は、現代の「箱物行政」と似た側面を持っています。たとえば、大規模な公共事業は建設業者に利益をもたらし、雇用を創出し、地域経済を活性化させます。

オリンピック施設建設やインフラ整備と同様に、ピラミッドも単なる建造物ではなく、国家運営の一環だったわけです。

しかし、いきなりこのような巨大建造物が、何の予行もなく実施されるということは、いささか考えにくいことです。

つまり、もっと小さな物件で、あるいは、いきなり巨石ではなく、もっと造りやすいもので、先にいくつものピラミッド建設がされていなければ、突然このような建造物ができ上がることはないと言えるのです。

なるほどエジプトには、三大ピラミッドと呼ばれる巨大建造物以前に建造されたという小型のピラミッドがいくつもあります。

しかしそれさえも、いきなり巨石を用いて築かれるというのは、やや考えにくいことです。もっとはるかに小型か、あるいはもっとはるかに作りやすいものを利用して、過去にいくつもの建造物ができていなければならないのです。文明の進歩というのはそういうものです。

では、エジプトのピラミッド以前の、いわば練習台とも言えるピラミッドは、どこにあるのでしょうか。

モアイ像はなぜ作られたのか

エジプトのピラミッドが王権の象徴であり、国家の統治や宗教的な役割を果たしたことはよく知られていますが、世界にはピラミッドと同じように象徴的な役割を担った巨石文化の遺産が存在します。

その代表例が、南太平洋のイースター島にある「モアイ像」と、イギリスの「ストーンヘンジ」です。


モアイ像もストーンヘンジも、単なる石の彫刻や建築物ではなく、それぞれの地域の社会構造、宗教観、統治システムを映し出すものと言われています。

これらの遺跡が持つ意味を探ることで、人類が古代にどのように「神」と向き合い、社会の基盤を作り上げてきたのかを見てみたいと思います。


イースター島のモアイ像は、巨大な石像として知られています。島の各地に点在し、高さは平均で４メートルほどもあります。

最大のものは10メートルを超え、重量は数十トンにも達します。

しかもそんなモアイ像が、島内におよそ９００体以上もあるのです。その多くは海に背を向け、内陸の集落を見守るように配置されています。

モアイ像

では、どうしてこのような巨大な石像が作られたのでしょうか。

一説では、「モアイ像は祖先崇拝の象徴だった」と言われています。

モアイ像は、島の支配者や有力者の顔を模したものであると考える人がいます。

彼らは、モアイ像は祖先崇拝の信仰に基づいており、死者が神格化され、子孫を守る存在となるという思想が背景にあったとしているわけです。

つまり、モアイ像を建てることによって、祖先の霊が集落を見守り、島の繁栄をもたらすと信じられていたのだということです。

けれども、そのことを証拠立てる文献史料はありません。生きていて説明できる人もいない。つまり、この意見はあくまでも学者の想像にすぎない、ということです。

2つ目には「社会統治の道具」であったという説があります。

モアイ像の建設は、各部族（クラン）ごとの共同作業によって進められたわけで（そうでなければ人手が確保できない）、そのことが部族間の結束を強める効果を持ち、統治者が社会をまとめるための象徴的な役割を果たしていたという説です。

つまり巨大なモアイ像は、それ自体が部族の権威を示し、競争意識を刺激したのだということです。

しかし、モアイ像の建設には大規模な石材の採掘、加工、輸送、設置といった多くの作業が伴います。

エジプトのピラミッドと同じく、大規模な公共事業であったわけで、労働力の管理と経済の活性化を図る手段であったというわけです。

そして、建設作業を通じて技術が発展し、社会の組織化が進んだと考えられるとしています。

ストーンヘンジの意味と役割

では、イギリス南部のソールズベリー平原に位置するストーンヘンジはどうだったのでしょうか。ストーンヘンジは、ヨーロッパ最古の巨石遺跡のひとつです。その起源は紀元前3000年頃にさかのぼるとされています。

ストーンヘンジの特徴は、直立する巨大な石（メンヒル）と、それを環状に配置する特殊な構造です。最大の石は高さ7メートル、重量は50トンにもなり、遠くウェールズ地方から運ばれたものもあります。

ストーンヘンジが建設された目的については、さまざまな説があります。

①天文学的な意味

ストーンヘンジは、夏至や冬至の太陽の位置と正確に一致するように設計されています。このことから、古代の人々が太陽の運行を観測し、農耕や狩猟の時期を把握するために利用していた可能性が指摘されています。
つまり、ストーンヘンジは「古代の天文台」として機能していた可能性があります。

②宗教的・祭祀的な目的

ストーンヘンジは、死者の埋葬地としての機能も持っていたとも考えられています。周囲からは多くの遺骨が発見されており、ここが重要な宗教儀式の場であったことを示唆しています。

特に、夏至の日に太陽がストーンヘンジの中心を貫く現象は、当時の人々にとって神聖な意味を持っていたことでしょう。

③統治のためのシンボル

ストーンヘンジの建設には、膨大な労働力と組織力が必要であったと言えます。するとストーンヘンジは、単なる宗教施設を超えて、地域の統治者がその権威を示し、社会を統合するためのシンボルとして機能していた可能性があります。

ストーンヘンジ

④モアイ像とストーンヘンジの共通点と相違点

モアイ像とストーンヘンジは、遠く離れた地域に存在するものの、共通する要素を持っています。

【共通点】

・巨石を用いた建造物である
・宗教的・祭祀的な意味を持つ
・社会統治や労働力の管理に関与していた

【相違点】

・モアイ像は個々の祖先崇拝に基づくのに対し、ストーンヘンジはより広範な宗教儀式の場であった可能性が高い
・モアイ像は比較的短期間で崩壊したが、

ストーンヘンジは数千年にわたりその役割を果たした

ここからモアイ像やストーンヘンジは、それぞれの地域の文化、宗教、統治の仕組みを反映した建造物であったことがうかがえます。

エジプトのピラミッドと同様、これらの巨石建造物も単なる装飾や記念碑ではなく、社会の発展と密接に関わるものであったのです。

そしてかかる巨石文化は、古代人の技術力の高さを示すだけでなく、「神」との関係性を視覚的に表現する試みだったのではないでしょうか。

社会を維持・統合するための重要な役割を果たしていたと考えられるのです。

こうした巨石文化には、「神」という概念が深く関与していたと考えられます。

そしてこれだけ大掛かりな建築物が生まれるためには、それ以前に、もっとはるかに小型の像や祭壇を使った営みがあったはずです。

日本に渡来した仏像も、初期の頃は片手で持てるほど小さなものでありました。

それが徐々に等身大となり、ついには奈良の大仏様のような巨大仏になったのです。

では逆に、ピラミッド、モアイ像、ストーンヘンジなどを、もっとはるかに小型化した対象物はいったいどこにあるのでしょうか。

実はそれらは、エジプト、イースター島、イギリスで見つかっていないのです。つまり、おそらくこれらは、外国からの渡来物であったと推察されます。そこに海洋民族としての倭人との関わりは、ないとは言えないのです。

一神教が生まれた歴史的背景

一神教が生まれる前の信仰

一神教とは、唯一絶対の神を信仰する宗教形態であり、ユダヤ教、キリスト教、イスラム教などがその代表例です。人類の信仰の歴史をさかのぼると、多くの文明はまず多神教を基本としており、一神教が成立するには特定の歴史的背景があったことがうかがえます。

そこで、この背景を考察するにあたり、一神教がどのように誕生したのか、そしてなぜ世界の一部の地域で強く根づいたのかをくわしく見ていきます。特に、南米における「白い人」の伝説のように、外部からの影響によって原始社会に文明がもたらされた可能性についても検討していきます。


人類の宗教の歴史を見ると、もっとも古い信仰形態は自然崇拝や精霊信仰でした。両者は縄文時代の日本をはじめ、世界中の先住民社会で見られるもので、山、川、風、火などの自然現象に神が宿ると考える信仰です。


そもそも初期の頃の人類は、定住していませんでした。

ところが、技術の進歩によって雨水や天敵を防ぐ「家」を造るようになり、村落共同体としての社会構造が生まれたのです。

社会的な慣習も自然発生し、亡くなった人への敬意を込めた埋葬などが行われるようになったと考えられます。
実際、ネアンデルタール人の遺骨の周囲からは、大量の花粉が発見されており、遺体が花に包まれて埋葬されたことがうかがえるし、そうであれば亡くなられた方の精神や魂がどこに行ったのか自然と考えられるようになっていたと言えます。

さらにそうした祭祀を司る専門の人が現れ、そうした特殊な能力を持った人が、さまざまな依代に基づいて「神」への祈りを捧げるようになったのは、ごく自然なな行きであると言えます。

つまり、**大昔には「多神教があたりまえ」であった**と見ることができるのです。そしてこのことは、エジプトやメソポタミア、インド、ギリシャの神話がその事実を証明しています。

しかし、こうした多神教の世界観が一変する転機が訪れます。それが、一神教の成立です。

一神教が生まれた社会的要因

一神教が成立した最大の要因は、「統治のための必要性」にあったと考えられています。

多神教社会では、異なる部族や都市国家ごとに信仰する神が異なり、政治的な統一が困難でした。そこで、ひとりの神を絶対的な存在とすることで、社会全体を統合する試みが行われたとされています。

その典型例が、古代イスラエルにおけるユダヤ教の成立です。

ユダヤ人は遊牧民から発展した民族であり、彼らが住んでいた中東地域では多神教が一般的でした。

しかし、彼らは異民族からの侵略や迫害を受け続けるうちに、「唯一の神ヤハウェを信仰することで団結し、民族の存続を図る」という思想を持つようになりました。

こうしてユダヤ教という一神教が確立され、後にキリスト教やイスラム教へと発展していったとされます。

一神教の成立は、単なる信仰の変化ではなく、政治的・社会的な必要性に基づいたものだったのです。

「やってきた誰か」と文明の発展

しかし、世界各地の神話や伝説には、「やってきた誰か」によって文明がもたらされたという共通のモチーフが存在します。実は、このことが一神教の成立と関連している可能性があります。

たとえば、南米には「白い人が救世主としてやってくる」という伝説が各地に残っています。

インカ帝国の神話では、創造神ヴィラコチャが世界を造り、のちにさったとされています。

また、アステカ文明では、白い肌を持つケツァルコアトル神が高度な知識をもたらし、再び戻ってくると信じられていました。

これらの伝説は、実際に外部からの訪問者が、各地の古代文明に影響を与えた可能性を示唆しています。**海を越えてきた高度な技術を持つ人々が、原始的な社会に農耕技術や統治の概念をもたらし、結果としてその地域に一神教的な思想を根づかせた**可能性も否定できないのです。

古代エジプトでは、第18王朝のファラオであるアクエンアテンが、唯一神アテンを信仰する宗教改革を試みた歴史があります。この背景にも異文化の影響があったのではないか、と指摘されています。

一神教の普及とその影響

一神教は特定の地域や民族の団結を促す役割を果たしましたが、その普及には戦争や征服が大きく関与しました。

たとえば、キリスト教はローマ帝国が国教としたことで急速に広まり、イスラム教はアラブ帝国の拡張と共に世界各地へ伝播しました。

そうした一神教の世界では、「他の宗教を排除しよう」という考え方が表面化してくるのを避けることができません。多神教では異なる神々が共存することが可能でしたが、一神教では「唯一の神のみが正しい」とするため、異教徒との対立が生まれやすくなるからです。

この点も、一神教の成立と普及が歴史に大きな影響を与えた要因と言えます。

そしてここから、現代に続く善悪正邪論が生じてくるのです。

善悪正邪論では、「我の正義、相手の正義」が共に存在するとは考えません。唯一絶対神が正しいのですから、他は全部「悪」です。そして「悪」を叩くことは正義となります。

ご説明はいらないかもしれませんが、これは「一神教の信仰者でも、別の宗教の人と仲良くしているじゃないか」というような感情のお話ではありません。

体系とそれに伴う歴史のお話をしているので、どうか誤解なさらないようにしてください。

都市国家の発展と一神教の成立

一神教の成立は、遊牧民社会における統治の必要性だけでなく、都市国家の発展とも密接に関係しています。メソポタミアやエジプトといった古代文明では、都市が発展し、統治機構が強化されるにつれて、宗教もまた権力の集中と共に変化していきました。

たとえば、メソポタミアでは、都市ごとに守護神が存在し、多神教的な信仰が広まっていました。しかし、バビロニアのハンムラビ王の時代には、マルドゥク神がバビロンの守護神として他の神々より優位な立場を確立し、中央集権的な統治の正当性を宗教的に支える役割を担うようになりました。

同様に、エジプトでは古王国時代にラー信仰が強まり、やがてアマルナ改革（アクエンアテンによるアテン神信仰）では、唯一神的な宗教形態が試みられました。

これは、統治者が宗教的権威を一元化し、より強固な支配体制を築こうとする試みの一環でした。

このように、**都市国家の発展と共に、統治の効率化や王権の正当化のために宗教が利用され、一神教的な思想へと傾いていった**ことがうかがえます。

実際、メソポタミアやエジプトでは、都市国家が発展し、中央集権的な支配が進むにつれて、一神教的な思想が形成されていきました。特に、統治機構が強化される過程で、宗教が権力の正当性を支える役割を果たすようになりました。

たとえば、バビロニアのハンムラビ王がマルドゥク神を優位な存在とし、宗教的権威の統一を試みたことは、一神教的な思想への移行の一例と言えます。

日本の神々は何者か？

神々の名前が示す宇宙の姿

日本の神々の名前には、それぞれに固有の意味と役割が込められています。

世界の神々が人格神として個々の意志を持ち、信仰対象としての性格を強く持つのに対し、**日本の神々はその名に役割や性質が表現され、自然や秩序の一部として機能している**という特徴があります。

この違いを踏まえ、日本のご神名の構造と、それが示す神々の本質について考えてみます。

『古事記』において、最初に現れる「造化三神」と呼ばれる神々は、宇宙の生成と秩序の根源を担う神々とされます。

そしてお名前に、その役割が如実に表れています。一部ですがご紹介していきます。

天之御中主神《あめのみなかのぬしのかみ》

「天」は宇宙の高みを指し、「御中主」は中心に立つ主宰者を意味します。すなわち、広大な時空間の中心にあって万物の調和を司る根源的な神格です。

西洋の創造神に近いようにも見えますが、人格的な創造主ではなくて、宇宙の中心原理そのものを象徴しています。

高御産巣日神《たかみむすひのかみ》
神産巣日神《かみむすひのかみ》

「産巣《むすひ》」とは、簡単に言えば「生み出し、結びつける力」を意味します。
「高御《たかみ》」は高天原《たかまがはら》における至高の存在を、「神産《かみむす》」は神の創造的働きを示します。
ということは、宇宙及び森羅万象すべての生成と発展を司る神であり、命を生み出し、結び、つなぐという役割を担っている神様と言えます。

このように、日本の神話において最初に登場する神々は、宇宙の「秩序」そのものを表す象徴的な存在であり、人格を持たないところが西洋における創造神と異なり、概念的な神として描かれています。

生成と創造を担う神々の名

次に登場するのが、日本列島を形作ったとされる伊耶那岐命《いざなぎのみこと》と伊耶那美命《いざなみのみこと》です。

この二柱の神の名前にも、役割が明確に込められています。

伊耶那岐命

伊耶那美命

「伊耶那《いざな》」という言葉には、「誘《いざな》う、招く」といった意味があり、「岐《き》」には男性性、「那美《なみ》」は女性性を表します。

このことはわが国の言葉に「おきな（翁）、おみな（媼）」という単語があることでも明らかと言えます。

つまり、伊耶那岐・伊耶那美は「誘い合う男女」の神であり、男女が結ばれることで、日本の大地を生み、命を創造しています。

『古事記』や『日本書紀』には、この伊耶那岐・伊耶那美に関する国生みや神生み、伊耶那美の死や葬祭、黄泉《よみ》の国での出来事などの物語が描かれています。

黄泉の国は、必ずしも「死者の国」とは限りません。単に極めてけがれた、汚い国として描かれています。

そこから帰ってきた伊耶那岐が、筑紫《つくし》で祓《はら》いをしたと書かれていることからすると、もしかすると黄泉の国は、黄色い糞尿にまみれた本当に汚い国のことであったかもしれません。

そうであるなら黄泉の国は、かつて実在した近隣国という読み方もできます。

この時点で伊耶那美はすでにお亡くなりになったと書かれていますから、実は亡くなられた伊邪那美と、黄泉の国のイザナミは、別人という見方もできるのです。

伊耶那岐と伊耶那美の物語は、一組のカップルの物語ではなく「誘い合う男女」の数千年ないし数万年の長い歳月の営みと出来事を、きわめて象徴的に表している可能性があるのです。

天地の運行を象徴する神々の名

天地を治める三神として、天照大御神《あまてらすおおみかみ》、月読命《つくよみのみこと》、建速須佐之男命《たけはやのすさのおのみこと》の三貴神がありま す。この三柱の神の名もまた、それぞれの役割を明確に示しています。

天照大御神

「天を照らす大神」という名のとおり、太陽を象徴し、高天原を治める存在。日本において太陽が特別視されるのは、農耕社会において太陽の恵みが不可欠であったためであり、天照大御神は生命の維持と秩序の象徴とされていました。

月読命

「月を読む神」という名が示すように、月の運行と時間の流れを司る神様です。

古代において暦は月の満ち欠けに基づいていました。つまり月読命は、時間の調整と秩序の維持を担う神といえます。

建速須佐之男命

「建《たけ》」は勇猛、「速《はや》」は俊敏、「須佐《すさ》」は荒ぶる力を表すとされます。
つまり「建速須佐《たけはやのすさ》」は、素早い変革と破壊と創造と浄化を司る神としての性格が名に刻まれていると言えます。

この三神は、太陽・月・荒ぶる力（＝自然の力）の三位一体であり、天地の運行とバランスを維持する役割を担っていることがわかります。

人間社会と密接に関わる神々の名

さらに、日本の神話においては、自然現象だけでなく、社会の秩序や人々の生活に関わる神々も登場します。

木花之佐久夜毘売《このはなのさくやひめ》

「木花《このはな》」は桜の花を指し、「佐《さ》久《く》夜《や》」は短命を意味します。すなわち、「儚《はかな》くも美しい生命の象徴」としての役割を持たれた神様です。ここからわが国では古来、「美しく立派に散る」ことが、立派な生き様とされてきました。

建御雷神《たけみかづちのかみ》

「建《たけ》」は武勇、「雷《いかづち》」は電光石火のごとき、瞬速を意味します。ここからわが国では、武は雷のごとく、素早く行うことが大切とされてきました。

邇邇芸命《ににぎのみこと》

「邇邇《にに》」は「美しく豊かに成長する」の意を持ち、「芸《ぎ》」は技や産業を表します。邇邇芸命は、地上に降り立たれて、人々に文化や農耕を伝える役割を持つ神としての性格を示しています。

このように、日本の神々の名は「単なる称号」ではありません。その神の役割や本質を直接的に示すものです。

ですから、御神名の構造を紐解くことで、日本の神々がいわゆる「信仰の対象」というよりも、宇宙・自然・社会の理想的姿や秩序そのものを表していることがわかります。

日本の神々のご神名が意味するもの

前項でも述べましたが、日本神話におけるイザナギ・イザナミの物語は、単なる一組の男女の神話ではなく、万年の単位で続いた人々の営みを象徴する物語であると考えられます。

このような解釈は、神話が歴史的事実を直接的に記録したものではなく、重要な文化や社会の概念を伝えるための寓話として編纂されてきたことと密接に関わっています。

徳川幕府の歴史を例に考えてみましょう。

徳川幕府は初代将軍徳川家康によって開かれ、15代将軍徳川慶喜の時代に終えんを迎えました。

幕府が存続した260年の間に、15人の将軍が歴史をつむいできました。

しかし、もしこれが数万年後の歴史教科書にまとめられたとしたら、次のようになるのではないでしょうか。「トクガワノミコトは関ヶ原の戦いに勝利し、江戸に幕府を開き、生類憐みの令を定めましたが、ペリーノミコトがやってきて明治天皇に国をゆずりました」このように、歴史の流れは大きく省略され、要点だけが伝えられることになります。

同じようにイザナギ・イザナミの物語も余計な細部が省かれ、もっとも重要なメッセージが残された結果、一組の男女の物語として凝縮されたと考えられるわけです。

神話は口伝によって長い時間の中で磨かれ、伝えたい要素のみを残して簡略化されていくものなのです。

ご神名が示す日本文化の継承

記紀において、わが国の万年の歴史の中で忘れてはならない事柄は、神の名前として残されています。その象徴的な例が、イザナギ・イザナミの神生みにおいて生まれた『古事記』の三十二柱の神々です。

以下に、彼らの名前に使われている漢字をもとに整理すると、その配列が意味深いものであることがわかります。

順に見ていきます。

1　大事忍男神《おおことおしおのかみ》（大事なことを忍ぶ）
2　石土毘古神《いわつちびこのかみ》（石と土）
3　石巣比売神《いわすひめのかみ》（石でできた住居）
4　大戸日別神《おおとひわけのかみ》（大きな出入り口）
5　天之吹男神《あめのふきおのかみ》（天の息吹）

6 大屋毘古神《おおやびこのかみ》（大きな屋根〈伽藍〉）

7 風木津別之忍男神《かざもくつわけのおしおのかみ》（風を防ぐ囲い）

8 大綿津見神《おおわたつみのかみ》（海）

9 速秋津日子神《はやあきつひこのかみ》（水門）

10 沫那芸神《あわなぎのかみ》・沫那美神《あわなみのかみ》（白波が立つ・凪ぐ）

11 頬那芸神《つらなぎのかみ》・頬那美神《つらなみのかみ》（両岸の凪・波）

12 天之水分神《あめのみくまりのかみ》・国之水分神《くにのみくまりのかみ》（天の分水嶺・国の分水嶺）

13 天之久比箸母智神《あめのくひざもちのかみ》・国之久比箸母智神《くにのくひざもちのかみ》（水を汲む瓢箪）

14 志那都比古神《しなつひこのかみ》（風の神）

15 久久能智神《くくのちのかみ》（木の神）

16 大山津見神《おおやまつみのかみ》（山の神）

17 鹿屋野比売神《かやのひめのかみ》（野の神）

18 天之狭土神《あめのさづちのかみ》・国之狭土神《くにのさづちのかみ》（山野を分ける）

19 天之狭霧神《あめのさぎりのかみ》・国之狭霧神《くにのさぎりのかみ》（霧）

20 天之闇戸神《あめのくらとのかみ》・国之闇戸神《くにのくらとのかみ》（谷）

21 大戸或子神《おおとまといこのかみ》・大戸或女神《おおとまといめのかみ》（窪地）
22 鳥之石楠船神《とりのいわくすふねのかみ》（天鳥船）
23 大宜都比売神《おおげつひめのかみ》（食物）

この神々の名を「神」という字を外して読んでみると、ひとつのストーリーが浮かび上がります。

「大切なことを言います」と前置きされ、続いて「石と土で町が築かれ、そこには大きな出入り口と大《だい》伽藍《がらん》があり、風を防ぐ囲いが設けられています。その町は海に面し、水門が整備されており、白波《しらなみ》が立つ日も、凪《な》ぐ日も、天と国の水源がしっかり管理され、風の神や山の神が見守る中、天鳥船《あめのとりふね》が食料を運んできます」となります。

つまり、これらの神々の名は、**古代の都市設計や社会の仕組みを表している**と考えられるのです。

これは単なる信仰のための神々ではなく、生活に直結する「知恵」としての神話であることを示しています。

世代を超えて伝わる物語

古代の日本人は歴史を物語として伝えることで、次の世代へと重要な知識を残してきました。

神々の名が象徴するものを紐解くことで、古代の日本人がどのような社会を築き、何を後世に伝えようとしたのか、その意図がより鮮明に浮かび上がってきます。

こうした数千年から万年の単位で歴史を考えるとき、日本人とか中国人とかといった現代における領域国家の枠組みにとらわれると、事実を見誤るもとになります。

なぜなら、あるひとりの人物が生まれてくるためには、父と母の2人が必要であり、その父母が生まれてくるためには、父方に2人、母方に2人、合計4人の祖父母が必要になります。さらにその4人の祖父母が生まれてくるためには8人の曾祖父母、曾祖父母が生まれるためには16人の高祖父母が必要となり……。

これをくり返して27代さかのぼると、祖先の数は1億3000万人を超えるのです。34代さかのぼったら、今の世界の人口を超えます。

34代というのは、期間にしたらわずか850年です。まして千年万年の単位ともなれば、世界中の人々は、皆、どこかで血がつながっている親戚ということになります。

つまり、現代世界における国籍なんて、関係なくなるのです。

【参考】領域国家

国家を国境に囲まれた内側とする考え方による国家観のこと。

ほんの200年前まで、世界の諸国のほとんどは王国でした。

王国の場合は王様のいる王城の周辺だけが王国であって、隣国との中間地帯は、どっちの王に所属しているのかがかなり曖昧なものでしかなかったのです。

◎大穴牟遅神（大国主）の復活と神格化

大国主神と日本の神話が持つ独特の世界観

日本神話において、大穴牟遅神《おおなむぢのかみ》、すなわち後の大国主神《おおくにぬしのかみ》の物語は、単なる一柱の神の一代記ではなく、何世代にもわたる人々の営みを凝縮し、象徴化したものと考えられます。

その中でも、大穴牟遅神が八十神《やそがみ》たちに迫害され、死を経験し、復活する過程は、日本の神話が持つ独特の世界観を示す重要な部分です。

『古事記』には、八十神たちが大穴牟遅神を妬《ねた》み、殺そうと謀議《ぼうぎ》したとあります。

【原文】

八十神忿《いか》りて、大穴牟遅神を殺《ころ》さむと欲《おも》ひ、共に議《はか》りて、伯岐《ははき》の国の手間《てま》の山の本《もと》に至りて云《い》ひしく、『赤猪《あかい》、此《こ》の山に在り。故に和礼《われ》共に追ひ下さば、汝待取《なれまち》れ。若《も》し待取不《らず》ば、必ず汝を殺さむ』

これは、「赤い猪がいるから、お前は待ち構えて捕まえろ。もし捕まえられなければ殺す」といった命令ですが、実際には真っ赤に焼けた大岩を転がし落とし、大穴牟遅神はその下敷きになり「焼著《やけつ》いて死んだ」と書かれています。

ここで言う「死」は、単なる物理的な死というよりも、精神的、社会的に追い詰められ、もはや立ち直ることができないほどのダメージを受けた状態を指している可能性もあります。

あるいは、本当に命を落とし、その後に奇跡的に蘇生したとも解釈できます。どちらが正しいかは、タイムマシンが発明されるまでは、わからないことです。

また「死」という概念は、日本神話における「試練」としての側面も持っているのかもしれません。

このような英雄神が一度死を迎え、そこから復活するという物語の構造は、世界各地の神話にも見られる普遍的なテーマです。

たとえば、ギリシャ神話のオルフェウスやエジプト神話のオシリスも、一度死を経験し、その後復活することでより強大な存在となっています。

御祖神の嘆願と蘇生

大穴牟遅神《おおむぢのかみ》（大黒主神）の死を嘆いた御祖命《みおやのみこと》、すなわち彼の母は、天に昇って神産巣日神《かみむすひのかみ》に助けを求めます。

【原文】

尓其御祖命《しかしてそのみおやのみこと》、哭患《なきなや》みて天に参《まい》り上りて神産巣日神に請《こ》ふ

これを受け、神産巣日神は、䗪貝比売《きさがいひめ》と蛤貝比売《うむがいひめ》を遣わし、彼を蘇《よみがえ》らせます。

【訳文】

蚶貝比売 岐佐宜《きさげ》を集め、蛤貝比売がこれを受け取り、母の乳汁《ちちじる》を塗ると、大穴牟遅神は麗わしい壮夫《おとこ》となり、蘇った

この場面は、**日本神話における「死と再生」の典型的な構造**を示しています。

大穴牟遅神は一度死を迎え、そこから蘇ることで、新たな存在へと生まれ変わるのです。

また、これは単にひとりの神の死と復活を描いているのではなく、社会や国家の再生を象徴している可能性もあります。

たとえば、日本史において、幾度となく国難に直面しながらも、それを乗り越えてきた歴史の積み重ねと対応しているとも考えられます。

大穴牟遅神の物語に登場する 蚶貝比売と蛤貝比売は、その名からもわかるように「貝」と深く関係のある神々です。

彼女たちは、大穴牟遅神が八十神の謀略によって殺された後、彼を蘇らせる役割を

果たします。**この二柱の神の名前と役割をくわしく考察すると、日本神話が伝えようとする「再生」や「生命の循環」といったテーマ**が浮かび上がります。

日本の神話や古代文化において、「貝」は単なる食料資源ではなく、生命の象徴としても扱われてきたと考えられています。

特に、貝殻は時間と共に成長し、内部に真珠を育てる性質を持つため、生命力の宿るものと考えられていたと言います。

また、貝は陰陽の概念とも深く結びついており、「女性性」や「誕生の象徴」とされることが多いです。貝の二枚の殻がぴったりと合うことから、男女の契りや結びつきを象徴するものという見方もあります。

蚶貝比売とは？

蚶貝比売《きさがいひめ》の「蚶《きさ》」という字は現在ほとんど使用されませんが、古語において赤貝やタカラ貝を指すと言われています。また、古語では「きさ」が「削《きざ》」を意味するところから「命を削む」と解釈することもできます。

そこから彼女が大穴牟遅神の蘇生に関与したのは、「新たな生命の目覚め」を象徴しているのかもしれません。

こうした点を踏まえると、蚶貝比売と蛤貝比売は、単に大穴牟遅神を蘇生させた神ではなく、「生命を次世代につないだ」神々としての役割を持っていると考えられます。

蛤貝比売とは?

一方、蛤貝比売《うむがいひめ》の「蛤《はまぐり》」は、完全に合う二枚貝であることから、夫婦和合や生殖を象徴するものと指摘する人もいます。

また、はまぐりは、日本では「雛祭り」などの伝統行事でも登場し、良縁や家庭円満を願う縁起ものとされています。

また「うむがい」という名称に、「産む」の意味が込められているとも言えます。

はまぐりは水中で成長し、産卵します。そこから「命をつなぐ力」「豊穣と生殖の神」としての役割があると解釈できるかもしれません。

つまり蛤貝比売は、「命を受け入れ、育む神」としての側面を持ち、大穴牟遅神の復活に必要な「生命のエネルギー」を供給する存在であるとも考えられるわけです。

死と再生のプロセスと陰と陽

この二柱の神が大穴牟遅神《おおむぢのかみ》の蘇生を担うという点は、日本神話の中でも重要な意味を持ちます。

①生命の循環と再生

大穴牟遅神は、一度死を経験し、その後に蘇ることで、新たな神格を得ます。

この死と再生のプロセスは、日本の神話だけでなく、世界中の神話で共通するテーマです。蚶貝比売《きさがいひめ》と蛤貝比売《うむがいひめ》は、その復活を導く存在として、生命のリズムや輪廻の象徴として機能していると考えられます。

②陰陽のバランス

蚶貝比売が「先駆ける存在」、蛤貝比売が「命を受け入れ、育む存在」であるならば、この二柱の神は、陰と陽のバランスを取る神々であるとも解釈できます。陰陽の調和によって、新たな命が生まれ、世界が再生されるという考え方は、古代日本の思想に根づいていた可能性があります。

③死と再生の儀礼的要素

蚶貝比売と蛤貝比売が大穴牟遅神を蘇らせた方法は、乳汁を塗るというものでした。この行為は単なる治療というよりも、再生の儀礼に近いものと考えられます。古代において、乳や貝に関する儀礼は、生命力を呼び戻す神聖な行為とされていた可能性もあると言えます。

こうしたことから、蚶貝比売と蛤貝比売は、大穴牟遅神の蘇生を助ける存在として登場していながら、単なる蘇生の役割を超えて、生命の復活、陰陽の調和、再生の儀礼といった深い象徴性を持つ神々であると解釈できるのです。

蚶貝比売：生命の復活を先導し、新たな可能性をもたらす存在（陽的エネルギー）
蛤貝比売：命を受け入れ、育むことで再生を促す存在（陰的エネルギー）

この二柱の神は、日本神話における「死と再生」という大きなテーマを象徴すると同時に、貝という生物が持つ生命力や陰陽の調和といった概念を通じて、私たちに深いメッセージを伝えているのかもしれません。

大国主の神格化と「一柱の神」としての象徴性

大穴牟遅神の復活は、単なる物語の展開にとどまらず、日本神話における「神の本質」に関わる重要な示唆を与えています。

彼が幾度も迫害を受け、死を経験し、それを乗り越えて復活する過程は、単一の人物が経験するものではなく、何世代にもわたる人々の歴史や、一族の存続の物語として読み取ることができます。

また、大穴牟遅神はその後、多くの試練を経ながら国造りをなし遂げますが、この点も、日本の国家形成の歴史と重なる部分があると言えます。

政治の変遷を経験しながら、国は存続し、発展してきました。日本神話はそのような社会の変遷を象徴的に表現する手段でもあったと考えられるのです。

こうした神話の特徴から、**日本神話における代表的な神々は、実は単一の人物や神ではなく、何世代にもわたる人々や一族の営みを、一柱の神の物語として伝えている可能性がある**ことが浮かび上がります。

大穴牟遅神の物語は、個人の試練と成長の話であると同時に、共同体の形成と発展の象徴的な物語でもあります。彼が八十神に虐《しいた》げられながらも復活し、最終的には大国主神として国を治めるに至る流れは、日本の歴史において、何度もくり返される国家形成のプロセスそのものを表していると言えるのです。

このように、日本の神話において「神」とは、単なる神格ではなく、長い年月の営みが凝縮された象徴的な存在である、という視点を持つことが、神話をより深く理解するための鍵となるのです。

第3章

縄文の神々と世界の文明

本章では、縄文時代における日本列島の高度な技術と文化の発展を探ります。

一般的に、旧石器時代の人類は大型動物を狩猟していたとされますが、日本では外洋航海や黒曜石の交易、漁労が主軸でした。

独特な航海術、道具の進化、そして釣り針や釣り糸の発明による漁業の発展は、日本が独自の文明を築いた証拠です。

果たして縄文人はどのように自然と共生し、世界の文明に先駆けた文化を発展させたのか、その真相に迫ります。

葦船と黒曜石がもたらした文明のあけぼの

3万8000年前の外洋航海と黒曜石の流通

世界の多くの地域では、新石器時代の始まりは約8000年前とされています。

この時期になると、人々は定住し、農耕を開始し、食料生産の効率が大きく向上しました。

しかし、日本列島においては、新石器時代の文化が3万8000年前にすでに存在していたと考えられます。日本の時代背景を、生活習慣の跡から見ていきます。

旧石器時代の人類は、大型動物を狩猟していたと一般には考えられています。

しかし、これには疑問が残ります。

大型動物を狩るには、大きな穴を掘ったり、強力な武器が必要です。しかし、当時はまだ青銅器や鉄器が存在していませんでした。使用できるのは木や貝殻程度の道具です。

そのような限られた道具で、旧石器時代の人類がマンモスを狩猟していたかどうかについては疑問が残ります。

なぜなら、当時の道具では大型動物を仕留めるのはむずかしく、また人骨の分析からも植物食が主体であった可能性が指摘されているからです。

また、旧石器時代の人骨の特徴を見ても、大型動物の狩猟が主な食料源であったとは考えにくいです。

たとえば、**この時代の人骨は20歳程度で歯がすり減っていることが確認されています。これは、小石や砂が混じった植物を食べていた証拠であり、食生活の中心が木の根や果実、葉などであったことを示唆しています。**

仮にマンモスなどの動物を主食としていたのであれば、歯の摩耗の程度も異なっていたはずです。

こうした背景を考えると、日本列島においては、大型動物の狩猟よりもむしろ、魚類や貝類の捕獲に適した技術が発展していた可能性が高いと考えられます。

その証拠として、3万8000年前の外洋航海の痕跡と、全国各地の遺跡から発見された神津島《こうづしま》産の黒曜石の流通が挙げられます。

黒曜石が果たした役割と技術革新

黒曜石は火山活動によって生成される天然のガラスであり、きわめて鋭利な刃物として使用できます。この特性を活かして、旧石器時代の人々は黒曜石を加工し、狩猟用の槍やモリを作り出しました。

これによって、それまで捕獲が困難だった大型の魚類や動物の肉を細かく切り分け、より効率的に食糧として利用することが可能になったのです。

特に、**神津島産の黒曜石が、日本列島各地の遺跡から発掘されていることは、当時すでに遠距離交易が行われていたことを示しています。**

黒曜石は軽く割れやすい素材ですが、それを安全に輸送する手段がなければ、広範囲に流通することはできません。

このことからも、当時の人々が単なる狩猟採集民ではなく、高度な技術と知識を持っていたことがわかります。

この時代、日本の人々は大型動物の狩猟よりも、漁業を中心とした生活を送っていました。黒曜石の刃物が普及することで、捕獲した魚を細かく切ることができるようになり、魚や貝類が主食となっていったのです。

また、黒曜石の刃物によって木を削る技術が向上します。それは、調理方法が多様化したことも影響していたと考えられます。特に、海洋資源を活用することで、従来の食生活から大きな変化を遂げたのです。

釣り針と釣り糸の発明

黒曜石を用いたモリや槍があった時代、食料を確保する手段としてもっとも効率的だったのは、海洋での漁業でした。特に、大型の魚を捕獲するためには、釣り針と釣り糸の発明が重要でした。

縄文時代の遺跡からは、魚の骨や貝殻を加工した釣り針が多数出土しています。このことから、すでにこの時代には、狩猟よりも漁労が重要な食料確保手段になっていたことがわかります。

しかし、釣り針だけでは魚を釣ることはできません。では、釣り糸には何を用いたのでしょうか？

考古学的な研究によると、古代の釣り糸には女性の長い髪の毛が使われていた可能性が高いとされています。

現在でも、女性の髪は細くしなやかでありながら丈夫であるため、古代においても釣り糸として適していたと考えられます。

このように、髪の毛を利用するという技術は、漁業の発展に大きく貢献したと考えられているのです。

外洋航海と葦船の活用

旧石器時代の人々が黒曜石を遠方まで運んでいた背景には、外洋航海技術の存在が考えられます。3万8000年前という時代には、木造の大型船はまだ存在していなかったはずです。

日本列島には豊富に生育する葦《あし》を利用した葦船があった可能性があります。

葦は水に浮く特性を持ち、束ねることで丈夫な船を造ることができます。

実際、古代エジプトではナイル川や紅海・地中海でパピルス製の船が使用されており、これは葦船と同様の構造を持っていました。

インドネシアなどの海洋民も葦船を使用して長距離航海を行っていた歴史的な事例があり、縄文人の航海技術を裏付ける証拠となります。

たとえば、インドネシアのバジャウ族（海洋遊牧民）は、伝統的な船を用いて何世代にもわたり外洋航海を行い、広範囲に交易ネットワークを築いていました。このことは、**縄文人が同様の技術を持ち、葦船を用いた外洋航海を実施していた可能性を示唆しています。**

さらに、1947年の「コンティキ号」プロジェクトでは、ノルウェーの探検家トール・ヘイエルダールが、古代の技術を再現したバルサ材のいかだを用いて、南米からポリネシアまでの長距離航海を成功させました。この実験によって、原始的な船舶技術でも遠洋航海が可能であることが証明されています。

縄文人も同様の航海術を持っていたと考えることができます。特に、日本列島周辺の島嶼《とうしょ》にある黒曜石が、遠く離れた土地で発見されていることから、彼らが実際に外洋航海を行っていたことは疑いのない事実です。

3万8000年前の日本列島では、葦船を用いての高度な食糧確保の技術が確立されていたのです。

黒曜石の利用、釣り針と釣り糸の発明、葦船を用いた外洋航海と交易の実践は、日本がいかに早い段階で発展した文明を持っていたかを示しています。これらの要素は、日本が世界に先駆けて新石器時代に突入していた論理的な証拠です。

つまり、縄文文明は世界の他地域に先駆けて、驚異的な進化を遂げていたのです。

石の文明から草・木の文明へ

縄文時代の石器文化の特徴

人類の文明の発展は、一般的に「石器時代」「青銅器時代」「鉄器時代」という形で区分されます。

しかし、日本列島における文明の発展は、これとはやや異なる独自の進化を遂げた可能性が指摘されています。

特に縄文文明における「草・木の利用」は、日本文化の特徴として際立っており、世界の他地域とは異なる進化の道を示唆しています。

世界的に見れば、石器時代は「剥片《はくへん》石器」や「磨製石器」を駆使して、狩猟採集生活を営んだ時代として知られています。

日本でも、黒曜石やチャート（珪質岩《けいしつがん》）を用いた石器が多数出土しており、これらが狩猟などの道具として使われていました。

しかし、縄文時代の遺跡をくわしく調査すると、日本では単なる石器使用にとどまらず、草や木を素材とした道具の活用を広範囲に行っていたことがわかります。

つまり、日本列島においては、石器の発展に加えて、自然に豊富に存在する「草」や「木」を活用する文化が早くから始まっていたのです。

草木と貝による文明の発展

日本列島は豊かな森林資源と海洋資源に恵まれています。

そして「文明は身近なところから発展する」というのが万国共通の真実です。日本では、以下のような要素によって草木と貝の文明が推進されたと考えられます。

①**木製道具の発展**

日本の縄文遺跡からは、多くの木製の遺物が発見されています。特に、木製の弓、槍、舟、建築資材などが、石器と共に使われていたことがわかっています。

②**弓矢の発展**

縄文人は、純粋な投げ槍から発展させた木製の弓矢を使用するようになりました。弓矢の使用により、遠距離から安全に獲物を捕らえることが可能になり、狩猟の効率が飛躍的に向上しました。

③**建築資材**

縄文時代の竪穴式住居に見られるように、木材を組み合わせた建築技術が早くから発達していました。これにより、より恒久的な住居が形成され、定住化が進んだと考えられます。

草を利用した技術

石器や木製道具に加えて、草（葦、わらなど）、竹を活用する文化も発展していました。

①編みものや籠作り

縄文時代の遺跡からは、植物繊維を編んで作られた籠や漁網が出土しています。これにより、食料の貯蔵や運搬が容易になりました。

②草ぶきの屋根

住居の屋根には葦やわらが使用されていました。これは、断熱性や防水性に優れ、自然素材を最大限に活用した建築技術の一例です。

③漁網と釣り糸

漁網などに使用される素材として、植物繊維が活用されていました。蔦《つた》はそのままロープとして用いられ、水際に大量に生えている麻からは、紐や衣類などに用いる繊維を取ることができました。

布を発明した神様

葦は「あし」と読みますが、それはそのまま日本語の「あし（足）」に通じます。水辺にいくらでも生えてくる葦は、冬になれば枯れて収穫がしやすくなり、しかも水に浮く特性を持っています。

この葦を束ねて縛れば、それはそのまま浮力材となるのです。その浮力材をさらに束ねれば舟になります。そして葦の茎を縦横に編めば、それがそのまま葦船の帆になります。

そしてこの葦で帆を作る技術が、今度はより精細化して麻の繊維を利用した布の発明に至ったと考えられます。

不思議なことに世界中の神々は、なぜか最初から「衣服を身につけた姿」で登場します。衣類も「始めからあった」ものではなく、誰かが作ることによってはじめて皆の生活に役立つものとなります。しかし不思議なことに、諸外国の神話に機織りの神はいても、なぜか布を発明した神様の記載はありません。

一方わが国の神話は違います。

大国主神話に国譲りを迫った建御雷神《たけみかづちのかみ》です。伊耶那美命《いざなみのみこと》が火の神様である迦具土神《かぐつちのかみ》を生んだことによって神避《かむさ》り（神が亡くなること）し、伊耶那岐神が迦具土神の首を斬り落とします。

そのとき、刀についた血が湯津石村《ゆついはむら》に走りついて、三神（甕速日神《みかはやひのかみ》・樋速日神《ひはやひのかみ》・建御雷之男神《たけみかづちのをのかみ》）が生まれます。建御雷神はまたの名が「豊布都神《とよふつのかみ》」です。「布都《ふつ》」というのは、ものを断ち切ることを意味する大和言葉で、縦横に組み合わせて作った布の、端の出っ張りを綺麗に切りそろえることで、美しい布ができ上がります。

つまり、「人々が火を使い始めた頃に、繊維を縦横に組み合わせる布が生まれた」と古事記は読めるのです。

自然環境を活用した文明の移行

縄文時代の人々は、単に石器を使用するだけではなく、周囲の自然環境を活用して草・木の文化を築き上げました。これが、日本文化の根幹となる「自然と共生する技術」の発展につながっていったと考えられます。

石器時代の狩猟採集文化から、縄文時代にはより複雑な社会構造が生まれています。石器を補完する形で、木や草を活用することで、より多様な生活様式が可能になったのです。

①食料確保の多様化

石器を使った狩猟だけでなく、木製の弓矢を用いた狩猟や、漁網・釣り糸を活用した漁労が発展しました。

②生活の快適化

石器のみに依存せず、木材や草を利用した住居や道具の改良により、より快適な生活環境が整いました。

③定住化と社会の発展

草・木の技術の発展により、狩猟採集の移動型生活から、定住型の社会への移行が進み、集落の形成が促されました。

草・木の文明が日本文化に与えた影響

縄文時代に発展した「草・木の文明」は、その後の日本文化の形成にも大きな影響を与えました。

①伝統工芸の発展

現代の竹細工や木工技術は、縄文時代に端を発する技術と言えます。

②自然との共生意識

日本の神話や伝統文化には、草や木を神聖視する考え方が多く見られます。これは、縄文時代から続く自然と共生する思想の名残と考えられます。

③持続可能な技術の継承

縄文時代に培われた木や草を活用する技術は、現代においてもエコロジーや環境保護の観点から再評価されています。

世界の多くの地域が石の文明を経て青銅器や鉄器へと進んだのに対し、日本列島では石器と並行して、草・木を活用する文化が高度に発展していきました。これは豊かな自然環境に恵まれた日本ならではの進化の道筋であり、「自然と共に生きる」という日本文化の根幹を築いた要素のひとつと言えます。

このように、縄文時代の技術の発展は、単なる石器文明にとどまらず、草・木を巧みに活用することで、より持続可能で多様な社会を生み出したのです。

また、貝殻は貨幣や装飾品としても使われ、古代の人々にとって貴重な資源でした。こうした貝殻の活用が、現代における和食の美意識や細やかな盛りつけの文化へとつながっているのかもしれませんね。

土器、農耕、織物の発展と神々

土器の発展と埴山姫神

日本の文明は、土器の製作、農耕の開始、そして織物の発展によって飛躍的に進化しました。これらの技術の発展は、人々の生活を安定させ、より高度な社会の形成を可能にしました。

神話の中には、これらの技術を象徴する神々がたくさん登場し、神社などで祀られています。

土器、農耕、織物に関連する神々を紹介しながら、縄文から弥生へと続く技術革新が日本の文明にどのような影響を与えたのかを考えてみます。

日本列島では、世界最古級の土器が発見されており、縄文時代の草創期（約1万6500年前）にはすでに煮炊き用の土器が使われていました。土器の発明は、食料の調理や保存を容易にし、食生活の多様化をもたらしたことでしょう。

そんな土器に関する神に、埴山姫神《はにやまひめのかみ》がいます。埴山姫神は土を司る神であり、粘土を利用する土器作りとも深い関係があります。

『古事記』では、伊邪那美命が火の神である火之迦具土神《ひのかぐつちのかみ》を生んだ際に火傷しての苦しみの中で亡くなられ、このときに彼女の体からさまざまな神々が生まれたことが描かれています。その中の一柱が埴山姫神です。

火による創造の中から生まれた埴山姫神は、土器製作の原点を示しているということができます。

土器の発展は、日本における調理文化の礎を築いただけでなく、後の焼きもの文化や陶芸技術へと発展していきます。縄文時代には装飾的な文様を持つ縄文土器が作られ、弥生時代になると薄手で機能的な弥生土器が登場しました。こうした土器文化の進化は、生活の豊かさを示す象徴になっていったことでしょう。

農耕の発展

土器と共に欠かせないのが農耕です。

農耕の開始は、日本文明にとって画期的な変化でありました。おそらく、新石器時代の始まりとなる3万8000年前には、今で言うマンションのベランダで行う家庭栽培と同じような感じで、食べることができる植物を育てていたことでしょう。

1万2000年前には、すでに漆《うるし》が栽培されていたことが確認されています。枝に触れればかぶれる植物なので、栽培するには高度な技術が必要です。

また、塗料にするとごくわずかな異物が入っただけで、せっかく収穫した漆が使い物にならなくなってしまいます。

けれど、表面がザラザラしている縄文土器を食器類として取り扱うとき、表面に漆が塗ってあれば、器を洗うのも楽だし、取り扱いも楽になります。だから1万2000年も前に、集落の近くで漆を栽培していたわけです。

栽培するのも取り扱うのもむずかしい漆さえも、縄文人は栽培できていたのです。そうであれば、それ以外の、たとえば山芋や葛《くず》、ミツバやセリといった野菜類を、村で栽培していたとしても何の不思議もありません。

縄文時代の遺跡は、昔、入江だったところなど、水辺にあるものが多いのですが、3万年以上前から身近に生えている葦で舟を造っていたことを考えると、男たちの仕事は基本「漁労」にあったものと思われます。

山で動物を狩るよりも、海で魚を釣った方が、はるかに楽に獲物を得ることができます。

実は動物の体というのは、自動車のタイヤくらいの弾力があるものです。動物を狩ろうと思えば弓矢の速度と、矢じりの先端の鋭利さが必要になってきます。

でも、当時それだけの威力を得るためには、弓の弦もまた、丈夫なものを用いる必要があります。麻紐程度では、すぐに切れてしまうでしょう。太古の昔に、それだけの丈夫さを持つ繊維を用意することはできなかったと推察できます。

さらに、矢じりの形状も問題です。たしかに縄文時代の遺跡に行ってみると、たくさんの矢じりが展示してあります。

大きさは大小さまざまであるものの、実は先端が細く尖ったものはほぼ見かけることがありません。

強い弓は作れず、さらに鋭い矢じりもないとなると、おそらく狩りで用いた弓矢というのは、動物にただ矢を当てて、驚かして追い払ったり、あるいは小動物なら気絶させたりするといった用途のものでしかなかったのかもしれないのです。

そうであれば、山での狩りなどというものは、夢のまた夢です。

釣り竿は竹、釣り糸は女性の長い髪の毛、釣り針は魚の骨です。

貝殻と和食

縄文時代には山で狩りをして暮らすというよりも、海や川で魚を釣って暮らしていたと考える方が自然です。

おもしろい研究結果があります。**縄文人たちが鍋料理を好んで頻繁に食べていた可能性が高い、というものです。**

釣ってきた魚は村まで持ち帰り、他の山菜や海藻、貝類などと一緒に煮て食べていたと考えた方がより合理的な推察です。鍋が美味しくなります。

煮え立ったお鍋から手づかみでいただくわけにはいきません。取り箸にはトングのような形をした「古代箸」が用いられていたようです。

またトングがあっても、鍋で煮え立った食べものを直接食べることはできません。当然、取り皿が必要です。そしてこの取り皿には、二枚貝の貝殻が用いられていたであろうと言われています。

貝殻をひっくり返して用いることで、お皿としても利用可能です。

おもしろいことに、無形文化遺産に指定されている和食には、貝殻を器にしたものを今でもときどき見かけます。

また、諸外国のように大皿にたくさん盛って取り分けるより、さまざまな形をした小さな器に料理をほんのちょっとずつ盛りつけて、それをひとつのお膳の上にたくさん並べたようなものが多いです。この習慣は、はるか縄文の昔、人々が大小さまざまな、そして色も形も異なる貝殻の裏側に、食べ物をちょっとずつ乗せて食卓の彩りとしていた、そんな流れであるのかもしれません。


と言うわけで、漁労に農耕がセットになって人々の生活を潤していたのですが、これが今から８０００年ほど前、稲の実が、数年規模で備蓄できる食料であることを、誰かが「発見」します。

稲は多産系植物であることに加え、長期間の備蓄が可能です。そうであればこれを蓄《たくわ》えておくことで、嵐で漁に出られない日が続いたときにも食糧を確保できます。

それどころか、学会の発表にはなっていませんが、東京の縄文遺跡で発見された土器に付着した籾米を培養した人がいて、なんと縄文時代の稲を見事に蘇生させること

縄文米

にも成功しています。

縄文時代のお米は、現代のようなひとつの茎にたくさんの粒がなるというものではなく、少数の実がなる植物でした。米の一粒一粒に、麦のような長い毛（禾《のぎ》）が生えているものでしたが、これが見事に復活したのです。何千年も前のお米が、ちゃんと復活する。稲の実力はすごいものです。

このように、縄文時代の人々は、海で捕れる魚や貝類、海藻類と共に、穀類や野菜、木の実などを採って暮らしていたと考えられるのです。

稚産霊神・保食神・豊受大神

農耕に関連する神として、稚産霊神《わくむすびのかみ》、保食神《うけもちのかみ》、豊受大神《とようけのおおかみ》といった神様が知られています。

稚産霊神は、穀物を司る神です。稲作の守護神とされています。彼女の神格は、日本の食文化の中心である米の重要性を示していると思います。

保食神は、その体からさまざまな食物が生まれたと伝えられています。この神話は、生命が循環し、自然の恵みが次世代へと引き継がれていくことを象徴していると考えられます。

豊受大神は、伊勢神宮外宮に祀られる神です。五穀豊穣を司ります。豊受大神が祀られることで、農耕と食文化の神聖性が強調され、後の日本の食に対する信仰へとつながっています。

農耕の発展によって人々は定住し、社会が安定することで、より高度な文化が生まれました。日本神話において農耕の神々が重要視されるのは、文明の根幹をなす技術だからこそです。

「あれ、魚の名を冠した神様がいない」って？

よくお気づきになられました。人が神様を食べることはできません。ですから海の神様は、海神様だけです。

織物の発展と天棚機姫神・栲幡千々姫命

織物の技術は、人々が寒冷な気候に適応し、より快適な生活を送るために発展しています。繊維の加工技術が向上することで衣服の機能が強化され、社会の階層による装飾的な衣装の文化も生まれました。

織物に関する神として、天棚機姫神《あまのたなばたひめのかみ》と、栲幡千々姫命《たくはたちぢひめのみこと》が知られています。天棚機姫神は機織りの神です。天照大御神に仕える巫女的な存在として登場します。七夕伝説の「織姫」とも関係があるとされ、織物技術が精神的な側面を持つことを示唆しています。

栲幡千々姫命は木綿の女神で、機織りや布の製作に関わる神として信仰されています。織物の発展は、衣服の機能性を向上させただけでなく、社会の発展に伴う文化的要素としても重要な役割を果たしました。特に、日本では神事において織物が神聖視されることが多く、神々への奉納品としても重要視されています。

技術の発展と神々の関係

土器、農耕、織物の発展は、日本の文明を築く上で不可欠な要素でした。そして、日本神話において、これらの技術を象徴する神々が存在するのは、先人たちの努力や知恵が神格化されたことを示しています。

技術というものは、蓄積か、まねる以外に進歩することはありません。

まれに神様からの天啓を受けた人がいたとしても、その時点で、それを実用化することができるだけの技術の蓄積がなければ、天啓を製品化することはできません。日本において現代に至るまで、技術が大切にされているのは、まさに縄文の神々の時代からの伝統と言えるものなのです。

神々の物語は、単なる信仰の対象ではなく、技術や文化がどのように発展し、社会を支えてきたのかを知る手がかりでもあります。

土器、漁労、農耕、織物という4つの柱が、日本の文明を形成し、それを支えた先人たちが神となったという視点で捉えることが、日本の歴史を深く理解する鍵となるのです。

人々の暮らしを変えたリーダーたちの神格化

英雄のヤマタノオロチ退治が示すもの

日本神話において、神々の中には単なる自然神ではなく、人々を導き、社会を発展させた英雄的存在が神格化された例が数多く見られます。

彼らは国を築き、人々を守り、文化を発展させた功績によって尊ばれ、やがて神として信仰されるようになりました。

こうした神々の物語は、日本社会の価値観や信仰のあり方を反映するものであり、縄文から続く日本の文明の発展と密接に関係しています。

そこで、英雄神として多くの人に語り継がれてきた、建速須佐之男命《たけはやのすさのおのみこと》を例にお話ししましょう。

彼は天照大御神の弟神でしたが、天界で問題を起こし、高天原を追放されました。

地上に降り立った建速須佐之男命は、すでに神としての神通力を剥奪され、両手両足の爪を全部剥《は》ぎ取られるという悲惨な姿でした。

ある日、出雲の国でヤマタノオロチという恐ろしい化け物が人々に迷惑をかけているという話が届きます。

それを聞いた建速須佐之男命はヤマタノオロチを退治し、村人たちを救ったのです。

その後、村長《むらおさ》の娘である稲田姫《くしなだひめ》と結婚します。

この戦いの際に、ヤマタノオロチの尾から入手した天叢雲剣《あまのむらくものつるぎ》（後の草薙剣《くさなぎのつるぎ》）を見つけ、これを自分を追放した高天原の天照大御神に献上することで、高天原との和解をしています。

この剣は、後に「三種の神器」のひとつとなっています。

建速須佐之男命の物語は、単なる怪物退治ではなく、奥出雲地方における治水事業を神話的に表現したものとも考えられています。**ヤマタノオロチは暴れる川を象徴し、**

それを鎮めて土地の安全を確保した建速須佐之男命は、出雲地方の守護神として崇敬されたという解釈です。

このように地域の発展に寄与した指導者が神格化され、神として時代を超えて人々から愛され続けるのは、日本神話の重要な特徴のひとつです。

国造りをなし遂げた英雄の神格化

大国主命もまた、英雄神の典型です。

彼は因幡《いなば》の白兎《しろうさぎ》を助けた心優しい神として知られていますが、同時に幾多の試練を乗り越えて日本の国造りを成し遂げた重要な存在です。

先述したように、大国主命は異母兄弟である八十神たちから迫害を受け、何度も殺されそうになります。

しかし、彼は幾度となく復活し、最終的には国を統治する王となりました。

そして少彦名命《すくなひこなのみこと》と共に国の開拓事業を推進し、農業や医療、産業を発展させるなど、日本列島の基盤を築いたとされます。

しかし、大国主神《おおくにぬしのかみ》は最終的に天孫邇邇芸命《ににぎのみこと》へ国を譲ることになります。

これは、出雲勢力が大和朝廷に従属する過程を神話として表現したものとも考えられていますが、**今でも国造りを担った偉大なリーダーとして、また、平和裏に国譲りを実現した偉大な神として祀られ、人々の敬愛を集めています。**

道を開く先導者の神格化

猿田彦神《さるたひこのかみ》は、天孫降臨の際に邇邇芸命を導いた道開きの神で高天原から降臨してくる天孫を迎え、彼らを日本列島へと案内しました。

猿田彦神は、きわめて象徴的な存在であり、日本において道を切り開くリーダーの役割を担う神として崇敬されています。

道開きの神とは、単に物理的な道を指すのではなく、社会や文明の発展における指導者の役割も含んでいます。

商業、旅行、交通などの分野で猿田彦神が信仰されているのはそのためです。

現代でも、猿田彦神を祀る神社は多く、企業経営や人生の転機において信仰されています。

農業と漁労文化の守護神

彦火火出見命《ひこほほでみのみこと》（山幸彦《やまさちひこ》）は、海の神の娘である豊玉姫《とよたまひめ》と結ばれ、後にその子孫が神武天皇へとつながるとされる神話の登場人物です。

彼は兄の海幸彦《うみさちひこ》と釣り針をめぐって争い、最終的に海神の宮で試練を乗り越え、漁労文化の守護神としての役割を得ます。

ここから海幸山幸神話は、古代の海人族の伝承がベースになっていると言われていて、古くからあった漁民集団の海神信仰と、海の彼方からやってくる来訪神の信仰が結びつき、農業の守護神であるのと同時に漁業の守護神でもあるという2つの性格を兼ね備える神とされるようになったと言われています。

また彦火火出見命は、稲を食い荒らすイナゴやウンカなどの害虫を退治する虫除けの神としても崇められています。

いわゆる英雄とは異なり、苦労することで地域の生活を支えた指導者として神格化された神様であられるのです。

神格化が示す日本のリーダー観

日本では、国を開拓し、人々を守り、社会に貢献したリーダーが神として祀られる伝統があります。これは単なる崇拝ではなく、**リーダーがどのように社会の発展に寄与し、人々に影響を与えたのかを伝えるための物語**といえます。

また、これらの神々の行動は、現代においてもリーダーシップのあり方について多くの示唆を与えます。社会のために道を切り開き、人々を導き、困難を乗り越える姿勢は、時代を超えて求められるリーダーのあり方を象徴しているのです。

松下幸之助氏や稲森和夫氏が「経営の神様」と呼ばれていますが、海外では人間を「神様」にたとえるなど絶対にしません。ですが、日本人は当然のようにそうした表現を使います。

これは、本書がずっと伝えてきた、人が役割をまっとうすることで神格化されていく、という縄文からの教えそのものなのです。

役割としての神の名が生まれた背景

神々の名に込められた意味を見直す

日本神話に登場する神々の多くは、古代日本の社会構造や文化の発展と密接に関係しており、特定の職能や生活の営みが神の名として残されたものと考えられます。

ここでは神々の名前から、日本社会のなり立ちと信仰のあり方を考察します。

先述した神名も出てきますが、重ねてリストアップしておきます。

日本神話に登場する役割を意味する神々

埴山姫神《はにやまひめのかみ》
土や粘土を司る神であり、土器作りや陶芸文化と深い関係を持つ。

保食神《うけもちのかみ》
食物を生み出す神であり、五穀豊穣の象徴。

天棚機姫神《あまのたなばたひめのかみ》
機織りの神であり、繊維技術の発展と関わる。

大山祇神《おおやまづみのかみ》
山の神であり、森林資源や鉱物資源を司る。

金山彦神《かなやまひこのかみ》
金属加工の神であり、鍛冶や製鉄技術の発展と関係する。

志那都比古神《しなつひこのかみ》
風の神であり、気候や季節の変化を司る。

速秋津比売神《はやあきつひめのかみ》
水門や川の神であり、治水や水運の管理と関わる。

海　神《わたつみのかみ》
漁業や海上交易を守護する神。

鹿屋野比売神《かやのひめのかみ》
野原や草木を司る神であり、農耕や植物の成長と関わる。

級長津彦神《しなつひこのかみ》
風を司る神であり、気候の変動や農作物の成長に影響を与える。

金山毘古神《かなやまひこのかみ》
製鉄技術の発展に伴い、鉄の神として信仰され、鍛冶職人の守護神となる。

豊玉毘売命《とよたまひめのみこと》
海の神であり、海上交通や漁業の守護神として、沿岸地域の信仰を集めた。

大物主神《おおものぬしのかみ》
農耕や商業の繁栄を司る神であり、共同体の発展と共に商業の神としても信仰された。

火之迦具土神《ひのかぐつちのかみ》
火の神であり、焼き物や鍛冶、さらには料理に関わる火の利用を象徴する神。

志那都比古神《しなつひこのかみ》
風の神であり、農業や航海における風の影響を司り、人々の生活に不可欠な存在となる。後に元寇の際に神風を吹かせた神とされたことから、「風日祈宮」の宮号が宣下された。

時代の変化に応じて転職した神様

大山祇神《おおやまづみのかみ》

もともとは山の神であったが、後に土地を治める地主神としての性格を持つようになる。

事代主神《ことしろぬしのかみ》

大国主命の息子であり、国の政治を司る神であったが、時代が進むにつれて商業や漁業の神としての側面も持つようになった。

邇邇芸命《ににぎのみこと》

天孫降臨の神であるが、彼の降臨は稲作文化の伝来と重ねられ、農耕の守護神的な側面も帯びるようになった。

木花之佐久夜毘売《このはなのさくやひめ》

富士山の神とされるが、火山の象徴でもあり、時代とともに豊穣や繁栄の神としての信仰も加わった。

建御雷神《たけみかづちのかみ》

もともとは戦神として崇拝されたが、後に剣術や武道の守護神としての信仰が強まった。

石長姫命《いわながひめのみこと》

長寿を象徴する神として知られるが、姉の木花之佐久夜毘売との対比から、不変や持続の象徴としても信仰されるようになった。

こうしたご神名の背景を理解することで、私たちは日本の歴史や文化の中に息づく神々の存在をより深く知ることができます。

そして、現代においても、過去の神々の名に込められた意味を見直すことで、社会のあり方や人々の役割について新たな視点を得ることができるのです。

第4章 世界へ広がった縄文の影響

約7300年前、鹿児島県南方の鬼界カルデラで、アカホヤ破局噴火が発生しました。地球史上でも類を見ない大噴火であり、縄文時代の日本列島に壊滅的な影響を及ぼした事件です。特に九州南部は火山灰によって覆われ、生存が困難となり、縄文人は新たな生活の場を求めて移動を余儀なくされました。

この移動は、日本列島内部にとどまらず、朝鮮半島や中国沿岸、さらには東南アジアや南太平洋方面にまで広がった可能性があります。

本章では、この大災害がどのように縄文人の移動を促し、その後の文化の広がりに寄与したのかを考察します。

アカホヤの破局噴火

アカホヤの破局噴火とは

アカホヤ破局噴火は、鬼界カルデラで発生した、日本列島最大級の火山噴火のひとつであり、その規模は驚異的でした。

噴火時期……約7300年前（縄文時代早期）
噴火規模……火砕流は半径100キロメートル以上、九州南部の縄文集落は壊滅。
火山灰………東アジア全体。日本の東北地方から、中国の黄河流域にまで到達。
環境変動……太陽光の遮断による寒冷化。
農耕・狩猟に必要な森林・草原の消失。

海洋資源の激減。

近年ではアカホヤほどの破局噴火（火山爆発指数ＶＥＩ７以上の大規模噴火）は報告されていませんが、ＶＥＩ５以上の大規模噴火なら、２０２２年1月15日に南太平洋のトンガで発生したフンガ・トンガ＝フンガ・ハアパイ火山の大規模噴火がありました。

このときは噴煙が高度約58キロメートルに達しました。この高さは、成層圏を超え、中間圏に達するレベルです。

このことから従来の「大規模噴火は成層圏まで」とされていた常識が破られ、噴火が中間圏にまで影響を及ぼすことが確認されました。

ちなみに大気の層と58キロメートルの位置関係は左記の通りです。

・対流圏（Ｔｒｏｐｏｓｐｈｅｒｅ）　地表～約10～15キロメートル（天候が発生する層）
・成層圏（Ｓｔｒａｔｏｓｐｈｅｒｅ）　約15～50キロメートル（オゾン層が存在）
・中間圏（Ｍｅｓｏｓｐｈｅｒｅ）　約50～85キロメートル（流星が燃え尽きる層）

・熱圏（Thermosphere）　約85キロメートル以上（オーロラが発生）
というわけで、流星が燃え尽きる層にまで噴煙が達したわけです。

このレベルの噴火はきわめてめずらしく、噴火による大気圏の影響を改めて考え直すきっかけとなりました。

7300年前のアカホヤの大噴火は、噴火の規模がハアパイ火山の比ではありません。もっとはるかに大きな噴火です。

当然、噴煙は成層圏を超えて、中間圏にまで達したことでしょう。その状態は幾年にもわたって、地球の寒冷化をもたらすことになったはずです。

近年の研究によれば、この破局噴火で日本列島の年間平均気温は2度も下がったと言われています。これにより夏は猛暑日が減り、冬は極端な寒冷化が襲うことになります。

しかも今でも東北地方にまで、アカホヤの噴火のときに降り積もった火山灰が、10センチくらいの地層を形成しています。どれだけの被害が起きたか、ということです。

噴煙には大量のガラス繊維が含まれます。黒い噴煙を吸い込むと、ガラスが肺に刺さって呼吸困難になり、死に至るのです。さらに海に降った噴煙は、魚たちの体内にガラス繊維を蓄積させ、これを食べると人の体にも影響が出てしまいます。

おそらく漁業同様に、農業も壊滅的な被害を受けたことでしょう。

まさに大変な災害だったのです。ですが、これほどの大噴火の被害に遭っても、やはり多くの人々が生き残りました。

ですが彼らの多くが故郷を離れ、別な土地に移動するしかなくなったのです。

縄文人の生存戦略と民族移動

とりわけ九州南部で暮らす縄文人たちが、従来の狩猟採集生活を維持することは、火山灰の降灰による影響で大変むずかしかったことと想像できます。

結果、食料資源の枯渇、居住環境の悪化などが起こったことでしょう。

そこから、彼らが選んだ生きる道のひとつとして、次のような大規模な民族移動が発生したと考えられます。

・**北九州・本州方面への移動**
火山灰の影響が少ない北九州や西日本へと移住。
既存の縄文文化と融合し、新たな生活様式を確立。

・**朝鮮半島・中国沿岸への移動**
縄文時代にはすでに航海技術が発達しており、海をわたって新天地を求めた可能性。
朝鮮半島南部や中国江南地方に倭人の足跡が見られる。

・**沖縄・東南アジア方面への移動**
縄文文化圏には貝塚文化が根づいており、海洋適応能力が高かった。
東南アジアの漁労文化と融合し、新たなコミュニティを形成。

朝鮮半島には、1万2000年前に人が住んでいた痕跡があります。
ところが、そこから人口がどんどん減って、その後約5000年間は人が暮らした形跡がないのです。

通説では、火を使い山の木々を燃やしてしまい、結果的に山がはげ山となったことで森の貯水能力も失われて、半島が言わば砂漠化したためであろうと言われています。

誰も住んでいなかった朝鮮半島に、アカホヤの噴火後、縄文人たちが移住していったことを証明する遺跡は、すでに複数箇所、発掘されています。

これら遺跡では、縄文人と同じ様式の釣り針や土器などが見つかっています。

世界に広がった縄文文明の痕跡

揚子江の長江文明にも縄文人の痕跡

中国では揚子江の入口付近で、高床式住宅に住み、稲作をして、武器を持たない文化の人たちが、やはり突然7300年前から誕生しています。

この人たちがおこした文明を「長江文明」と言います。

状況から見てその人たちも、倭国から噴火後に移住をした人たちに違いないと思います。ですが、この人たちは、いわゆるモンゴロイドであることは公表されていますが、DNAがどの国の人たちに近いかの発表・公表はありません。


ちなみに中国には黄河と揚子江の2つの大河があります。

黄河はまさに字のごとく黄色い大河です。けれど、揚子江の「江」という字は、もともと「入江」を意味する漢字です。

また揚子江の「揚」という漢字は、扌(手)+昜で、5本の指がある手と、太陽が昇る様子の象形の「昜」という字でなり立ちます。

つまり「揚子」は、太陽の国からやってきた子らによって築かれたことを意味し、その人たちが住んでいる入江(本当は川)だから「揚子江」という名になったと考えると話のつじつまが合います。

また『契丹古伝《きったんこでん》』によれば、中国の神話の時代の人たちは「皆倭種なり」と書かれています。どうやらここにも、アカホヤの大噴火の影響が見え隠れしているのです。

シュメール文明の勃興と縄文人の関係

シュメール文明は、およそ７０００年前にメソポタミア南部で突如として発展しました。彼らは世界最古の都市文明を築き、楔形文字を発明し、灌漑農業を発展させたとされています。

そんなシュメール人がどこからきたのかについては、いまだ明確な答えが出ていないと言われ、歴史のミステリーです。

それでも外来民族が高度な文明を持ち込んだとする説が、現在もっとも有力視されています。

そしてその外来民族が、アカホヤの噴火で追われた倭人たちだというわけです。これには以下のいくつかの理由があります。

たとえば、シュメール人も高度な船舶技術を持ち、遠洋貿易を行っていたとされています。これは縄文人の海洋適応能力と共通する特徴です。

そしてシュメール文明が勃興する直前には、メソポタミア地域への外部からの民族流入が考古学的に確認されてもいます。

縄文人の一部が長距離航海によってメソポタミアへ到達していたとすれば、シュメール文明の基礎を築いた可能性は否定できないのです。

しかも日本の神話はシュメール神話ととてもよく似ています。

たとえばシュメールの神は「エンキ」という知恵と水の神ですが、この神と建速須佐之男命《たけはやのすさのおのみこと》の役割が同じです。

天地創造神話も、伊耶那岐《いざなぎ》・伊耶那美《いざなみ》の物語と酷似しています。

さらに、シュメール語と日本語の間には、いくつかの言語的類似もあります。

補足しますと、シュメール文明の突然の興隆とその後の衰退は、従来の学説では、気候変動、戦争、外部勢力の侵入などが主な理由として挙げられています。

けれど、日本の縄文文化とシュメール文明の関係性を考慮した場合、シュメール人の一部がもともと倭人（縄文人）であり、彼らが最終的に故郷へ帰還した可能性を否定することはできなくなるのです。

	シュメール語	日本語
天	AN（アン）	アマ（天）
地	KI（キ）	キ（木、地）
都市	URU（ウル）	ウル（古語で貴いもの）
名前	MU（ム）	ム（古語で命名）

※シュメール語は日本語と同じ膠着語《こうちゃくご》であり、日本語の文法構造と同じ、語順もまた日本語と同じSOV型です。

日本列島への移動と遺伝的類似

シュメール文明は突然消滅したと言われています。その痕跡から、単なる征服や吸収では説明しきれないものがあります。

シュメール人の一部は、気候変動や戦乱を避け、新天地を求めて東方へと移動した可能性があるからです。

その移動先のひとつが日本列島であり、彼らは縄文人と交わりながら、新たな文化を築いたのではないかという説があります。

その証拠に、彼らとの共通点は言語だけでなく、遺伝的・文化的にもシュメール人と倭人には、その関係を示す痕跡があります。シュメール人の彫像や壁画に描かれる姿を見ると、日本人に近い特徴を持つものがあるのです。

・シュメール人の特徴

直毛または波状の黒髪
丸い顔立ち
比較的小柄な体格

さらに、近年の遺伝子研究では、メソポタミア周辺の遺伝子の一部が、東アジアの一部の民族と類似していることが示唆されています。
特に、縄文人のＤＮＡの一部がシュメール人のものと一致する可能性があるという仮説が浮上しているのです。

また、文化的にも共通点が多いとされています。

たとえば、

①シュメール人は「聖なる山」を崇拝し、神々の住む場所としていましたが、これは日本の「神奈備山《かんなびやま》」信仰と類似しています。
②シュメール人の神話には「洪水伝説」があり、神々が洪水を起こして人類を裁いたという記述があります。日本神話にも、山幸彦が「大洪水」を起こして、海幸彦を悩ませたという物語があります。

こうした要素を総合すると、シュメール人の一部が東方へと移動し、日本列島に影響を与えた可能性が高まります。

シュメール人の帰還意識と倭人の「帰郷文化」

シュメール人が日本列島へ移動したと仮定した場合、なぜ彼らはそのような移動を選んだのか？　という疑問が残ります。その答えのひとつとして、「帰郷意識」という文化的背景が考えられると思われます。

日本にも古くから「帰郷」の文化があります。

お盆や正月に故郷へ戻り、先祖を祀る習慣は、縄文時代から続く日本人の精神性の中核です。

縄文人は、黒曜石や貝製品を広範囲に交易しながらも、一定の周期で故郷に戻る「循環的な移動」を行っていました。

メソポタミアの地に都市国家を築いたものの、気候変動や外敵の侵入によってその土地を捨てざるを得なくなり、自らの文化のルーツを求めて東方へと移動した人たちがいた、と考えるのはごく自然な流れです。

彼らの一部が日本列島に到達し、倭人の文化と再び融合した可能性があります。

そして、今もその血を受け継ぐ子孫が日本列島に生きているかもしれません。

この説を補強するのが、シュメール文明の消滅時期と日本の文化変化のタイミングの一致です。

紀元前2000年頃、日本列島では縄文文化が高度に発展し、外部との交易の痕跡が増えたとされています。

黒曜石の広域交易、貝塚の発展、土器の装飾技術の向上などです。黒曜石や貝製品を広範囲に交易しながらも、一定の周期で故郷に戻る「循環的な移動」を行っていました。

歴史は直線的に進むのではなく、一定のパターンをくり返す性質を持っています。この「歴史のフラクタル性」は、文明の興亡や民族の移動に見られます。

帰郷という概念は、単なる政治的な衰退ではなく、文明の本質的なサイクルの一部と考えられます。

第5章 現代日本人への示唆

縄文の神々は、人々が生き抜くために培ってきた知恵や経験が形をなした存在です。彼らを信仰することで、縄文人たちは自然との共生を学び、未来を切り開いてきました。この視点に立つと、歴史とは単なる過去の記録ではなく、未来を選択するための知恵の蓄積であると言えます。

本章では、縄文の神々が私たちに伝える「選択の知恵」に焦点を当て、歴史を学ぶ意義について考察します。

信仰や歴史を学ぶ意義

歴史とは「過去の記録」ではない

私たちはしばしば歴史を「過去の出来事の記録」として捉えがちです。

しかし、歴史の本質は単なる過去の蓄積ではありません。それは、未来をより良いものにするための道しるべであり、私たちがどのように生きるべきかを示す羅針盤なのです。

縄文の神々が語るのは、自然と共に生きることで繁栄を築いた人々の選択の積み重ねです。

たとえば、縄文人は黒曜石を用いた交易を通じて、広範な交流ネットワークを築きました。彼らは遠方の人々と協力し、持続可能な生活を支えるための技術を発展させていきました。これは、単なる物々交換ではなく、自然の恵みを最大限に活かし、無駄を減らすための知恵の選択でした。

このように、**過去の人々がどのように選択し、社会を築いてきたのかを学ぶことは、私たちが現代においても正しい判断をするために不可欠**です。

歴史には成功だけでなく、失敗の記録もあります。狩猟に依存し過ぎた社会は気候変動に適応できず衰退し、逆に漁労や農耕を取り入れた社会は長く繁栄しました。

こうした選択の積み重ねが文化を形作り、後世の知恵となったのです。

私たちが歴史を学ぶ理由は、過去を知ることではなく、未来の選択肢を増やすことにあるのです。

7世代先の未来を考える

日本人の時間に対する考え方は、世界の多くの文化とは異なります。

日本では過去・現在・未来は直線的に進むものではなく、それらが循環し、連続性を持つと考えられています。

これは、縄文時代の神々への信仰にも色濃く表れています。彼らは「遠い過去の存在」ではなく、今もなお私たちの暮らしの中に息づいており、未来へと続く知恵を伝えているのです。

たとえば、国を造り、人々に技術を伝えた神々。

賢明な読者の方ならもうおわかりだと思いますが、こうした神々は単なる神話ではなく、実際に縄文人が試行錯誤の末に生み出した技術を神の名として語り継いできたのですね。

土器の発明、漁労の発展、黒曜石の交易など、縄文時代の知恵は決して古びるものではなく、現代にも応用可能な知恵として受け継がれているのです。

さらに、現代は持続可能な社会をどう作るか、ということに企業も国も夢中ですが、縄文時代の人々が重視していた持続可能な生活から、私たちは学ぶべきなのです。

彼らは短期的な利益より、自然の恵みを享受しながらもそれを乱獲することなく管理することの大切さを知っていて、その知恵を後の世代へと引き継ぐ意識を持っていました。

この考え方は、現代においても重要です。環境問題や資源の枯渇が叫ばれる今こそ、私たちは縄文の神々が示した「未来を見据えた選択」の知恵を学びましょう。

日本には**「7世代先の未来を考える」**という発想に根づいています。

これは、**縄文の神々が伝えた長期的視野を反映した考え方であり、私たちが未来をどのようにデザインするかを決める際の重要な指針**となります。

歴史から学ぶ「誤った選択」の教訓

歴史の中には、成功の記録だけでなく、誤った選択が招いた悲劇も数多く刻まれています。縄文の神々は、私たちに「正しい選択の知恵」だけでなく、「誤りをくり返さないための教訓」も残しています。

たとえば、縄文時代が長く続いた背景には、彼らが自然と調和する選択をし続けたことが挙げられます。しかし、後の時代、過剰な森林伐採や過密な都市化が進んだ結果、弥生時代以降には環境の変化に適応できず、一部の地域で集落が衰退する事例もありました。

これは、自然との共生を重視した縄文時代の選択がいかに理に適ったものであったかを示すものです。

また、歴史の中には、短期的な利益を優先したことで大きな損失を招いた例も少なくありません。

戦国時代には戦力拡大を急ぐあまり、民衆の生活を圧迫し過ぎた結果、反乱を招いて滅びた領主もいました。

これは、政治だけでなく、現代の経済や社会の運営にも通じる教訓です。企業や国家の運営においても、短期的な利益のために未来の資源や環境を犠牲にすることは、長い目で見れば大きな損失につながるのです。

縄文時代の神々が伝えるのは、「正しい選択は長期的な視野のもとに行うべきである」という教訓です。

自然を尊び、無理なく生活を営む彼らの知恵は、現代においてもなお重要な示唆を与えてくれます。

以上の次第から、私たちにとって歴史を学ぶことは、単なる知識の習得ではなく、未来を形作るための知恵を得ることに他なりません。

縄文の神々は、長く続いた縄文社会の中で生み出された叡智の結晶であり、彼らが残した教訓は現代にも生き続けています。

私たちは過去の知恵を学び、それを未来の選択に活かすことで、より良い社会を築くことができます。歴史を学ぶことは、すなわち「より良い未来を選ぶ力を得ること」にあるのです。

これからの日本が世界に貢献できること

縄文的価値観を思い出す

縄文時代の神々が示す価値観は、現代の日本が世界に提供できる貴重な知恵です。

縄文社会は、持続可能な生活を送り、自然と共生する知恵を培いました。そしてその精神は、日本文化の根幹となり、現代にまで息づいています。

現在、世界は環境問題、精神的な豊かさの喪失、社会の分断など、さまざまな課題に直面しています。

こうした状況の中で、**日本が縄文的価値観を活かし、世界に貢献できる可能性**を探っていきます。

現代世界が直面している最大の課題のひとつは「持続可能性」の問題です。

気候変動、環境破壊、資源の枯渇が進み、従来の経済成長モデルは限界を迎えつつあります。また、物質的な豊かさが追求される一方で、精神的な豊かさが失われ、多くの人々が孤独やストレスを抱えています。

こうした状況に対して、日本が縄文的価値観を提示することは、大きな意義を持ちます。

縄文人の森林を必要以上に伐採せず、海や川の恵みを分かち合いながら生きるという考え方は、現代の環境問題に対するひとつの答えとなるでしょう。

彼らの生活は「今さえ良ければ良い」という短期的な利益を求めるものではなく、「次の世代に引き継ぐ」という視点を持ったものでした。

また、縄文時代の遺跡からは、装飾品や土偶など、精神的な豊かさを重視した文化の痕跡が数多く見つかっています。

縄文人は、単に生きるための技術を発展させただけではなく、精神的な充足を大切にする文化を築いていました。これは、**現代社会における「心の豊かさ」の重要性**を示唆するものです。

日本が世界に向けて、物質的な発展と精神的な充足を両立させるモデルを提示できれば、多くの国々にとっての指針となるでしょう。

日本文明の特徴「調和」と「共生」の精神を活かす

日本文化の根底には、「調和」と「共生」の精神があります。

これは、縄文時代から続く価値観であり、神々の存在にも色濃く表れています。

縄文の神々は、自然そのものを神聖視し、人間と自然が共存することを前提とした信仰の中で生まれました。そのため、縄文人は自然と対立するのではなく、調和を図りながら生きる術を身につけていきました。

この「調和」と「共生」の精神は、日本の社会システムにも反映されています。たとえば、日本の伝統的な村社会では、競争よりも協調を重視し、共同体全体の繁栄を目指してきました。

そこから生まれた発想で、小中学校の義務教育や皆保険制度があります。元気で働ける人、皆で次世代の子どもたちに教育を受けさせ、病に倒れた人あれば、皆で手を差し伸べるという、実に日本人らしい発想なのではないでしょうか。

これは、現代の個人主義的な社会とは異なる、日本独自の社会モデルとして注目されるべき点です。

今日、世界では格差の拡大や分断が問題視されていますが、日本の「共生の文化」は、これらの問題を克服するためのヒントを提供できるかもしれません。

八百万の神というあらゆるものに神が宿るとする考え方は、異なる価値観を排除せず、多様性を受け入れる寛容な文化を生み出してきました。

グローバル化が進み、異なる文化や宗教が混在する現代において、日本のこの精神は、世界の対立を和らげる鍵となる可能性があると言えるのではないでしょうか。

先進国でありながら「根源的な価値観」は変わらない

日本は、経済・技術・文化の面で世界の先進国のひとつとして認識されています。しかし、他の先進国と異なるのは、近代化の中に縄文的な価値観を維持している点です。

日本には、最先端技術の発展と同時に、神道や仏教の伝統、自然との調和を重視する文化が今も根づいています。

たとえば、**日本の建築や都市計画には、自然との調和を大切にする思想が反映されています。**

神社の境内には古くからの森が残され、住宅建築にも「借景」の考え方が取り入れられています。

これは、縄文の神々が示す「自然との共生」という価値観を現代社会が受け継いでいるひとつの例です。

また、日本の食文化も縄文的な価値観を色濃く受け継いでいます。

地産地消の考え方や、旬の食材を大切にする習慣は、持続可能な社会のモデルとして世界に広めるべき文化です。

特に、**発酵食品や和食の伝統は、健康と環境の両面で優れた要素を持っており、世界的な食糧問題の解決にも貢献できる**可能性があります。

このように、日本は最先端の技術を持つ一方で、縄文時代から続く根源的な価値観とを併せ持つ国です。そのバランスが取れた文化は、現代のグローバル社会において、持続可能な発展のモデルとなり得るでしょう。

縄文的価値観が未来のイノベーション

未来の社会を築く上で、縄文的価値観は新たなイノベーションを生み出す源泉となる可能性があります。

これまでの技術革新は、効率や生産性の向上を目的としてきましたが、今後は「持続可能な発展」や「人間の幸福」といった視点がより重視されるようになるでしょう。その際に、縄文の知恵は大きな示唆を与えます。

たとえば、現代のバイオテクノロジーや環境技術は、自然と共生する縄文的な発想を活かすことで、新たな発展を遂げることができます。自然の循環を利用したエネルギーシステムや、環境負荷の少ないもの作りの技術は、縄文時代の「無駄のない生活」に学ぶべき点が多いのです。

また、現代のビジネスにおいても、競争よりも協調を重視する縄文的な経営哲学が注目されています。

特に、**日本の「三方《さんぽう》よし」の精神（売り手・買い手・社会の三者に利益をもたらす考え方）は、持続可能な経済の発展において重要な視点**となるでしょう。

次の時代に大切なのは、信用より、信頼です。

人と人が手を取り合って、搾取ではなく縄文の神々が行ってきたように、皆が天寿をまっとうすること。そうしてこの人生を生き切ることができれば、私も、そしてあなたも神となる日がいつの日かくるのです。

このように、縄文の神々が示す価値観は、決して過去のものではなく、これからの社会を形作る重要な要素となるのです。日本がその知恵を世界に広めることは、新しい時代のイノベーションにつながるでしょう。

個人が果たすべき役割

日常生活で実践できる縄文的価値観

縄文の神々は、単なる信仰の対象ではなく、縄文人の生き方そのものを象徴する存在です。

自然と調和し、持続可能な社会を築いた彼らの精神は、現代に生きる私たちに多くの示唆を与えます。

現代社会は、経済的発展や技術革新によって便利になりましたが、その一方で、環境破壊や精神的な豊かさの喪失といった課題に直面しています。こうした時代において、縄文の神々が示す価値観を個々人がどのように体現し、実践していくべきかを考えていきます。

現代に生きる私たちが縄文の神々の精神を受け継ぐためには、日常生活の中でその価値観を意識し、実践することが重要です。

縄文人は、自然と共に生き、無駄を省きながらも豊かな文化を築きました。その生き方には、現代のライフスタイルにも活かせる多くの知恵があります。

目の前にある仕事や勉強にひた向きに取り組み、自分を高めていくことにも一生懸命になるべきです。

好きなこと、やりたいこと、ワクワクすることに力を注げたら何よりですね。それですら、ある日「やりたくない」「めんどうくさい」と思うことがあるかもしれません。それでも、やり続ける人が次の景色を見ることができるのではないでしょうか。

縄文の神々だって、逃げ出したくなるような逆境に置かれたものばかりです。**どの神も、楽しいことばかりではありません。それでも、自分の役割をまっとうしているから後世の人々から「神がかっていた」と尊敬されたの**です。**それはひとりの人間ではなく、その役職に真剣に携わってきたすべての人のこと**なのです。

一つひとつの行動が、未来に残る「新しい神話」につながります。

縄文の神々のように、私たちもまた、未来の社会に影響を与える存在だと自覚することが大切です。

「私たち自身が未来の神となる」という意識を持つ

この国の神々は、歴史を通じて「人々の生き方」を反映しながら形成されてきました。縄文時代の人々が生み出した価値観が神話となり、後世に伝えられてきたように、私たち自身もまた、未来の人々にとっての「神のような存在」になり得るのです。つまり、私たちの行動一つひとつが、未来の世代にとっての指針となるのです。

この意識を持つことで、日々の選択がより慎重で責任あるものになります。

では、縄文の神々が示す価値観を実践し、未来に貢献するために、私たちはどのような具体的な行動を取るべきでしょうか。以下のような取り組みが考えられます。

①環境との調和を意識した生活を送る

縄文人は、自然と共生する暮らしを実践していました。現代社会においても、環境負荷を減らし、持続可能な生活を心がけることが重要です。

たとえば、無駄な消費を控え、再利用可能なものを選ぶことや、地元の食材を活用することは、縄文的な価値観を現代に活かす具体的な方法です。

②人間関係を大切にし、共生の精神を持つ

縄文時代の社会は、協力と共生を基盤としていました。現代においても、個人主義的な生き方ではなく、家族や地域社会とのつながりを大切にすることが求められます。特に、孤独を感じる人々と積極的に関わり、支え合うことは、縄文の神々が示す「共生の精神」を体現することにつながります。

③精神的な豊かさを重視する

縄文人は、物質的な豊かさだけでなく、精神的な充足を求めました。現代では、経済的な成功ばかりが評価されがちですが、精神的な幸福も同じくらい重要です。瞑想や自然散策、伝統文化に触れることなど、心を豊かにする活動を取り入れることで、縄文の神々が持っていた「精神的な調和」を現代に再現できます。

④自らの行動が未来に影響を与えることを自覚する

縄文の神々は、過去の人々の選択と知恵の集積の結果、生まれた存在でした。私たちもまた、未来の世代に影響を与える存在です。日々の選択が、未来の社会にどのような影響を与えるのかを意識しながら生きることが重要です。たとえば、教育や文化の継承に関わることで、次世代に縄文の知恵を伝えることができます。

以上の次第から、縄文の神々は、単なる過去の遺産ではなく、現代の私たちにとっての「生き方の指針」を示す存在であるということができます。日常生活の中で縄文的価値観を見直し、新しい社会の実現に貢献することが、現代の私たちに求められる役割です。また、それぞれの立場で「神の役割」を果たす意識を持ち、未来の世代に良い影響を残すことが重要です。私たち一人ひとりの行動が、新しい時代の神話を紡《つむ》いでいくからです。

現代社会で「神の役割」をどう体現できるか

現代において「神の役割を果たす」とは、どのようなことを意味するのでしょうか。それは単に宗教的な信仰の対象になるということではなく、社会に対して良い影響を与える存在になるということです。

縄文の神々が、人々の暮らしと深く結びつき、共生の精神を象徴する存在であったように、私たちもまた、社会や周囲の人々と調和しながら生きることが重要ではないでしょうか。

会社や地域社会の中で、率先して人々を助け、良い方向へ導くことも「神の役割」を果たすことのひとつです。

日本神話には、道を切り開く神や、人々を守る神、農業を発展させた神など、多様な役割を持つ神々が登場します。現代の私たちもまた、職場や家庭、地域でそれぞれの役割を果たし、調和のある社会を築くための貢献をすることで、神々の精神を受け継いでいくことができます。

新しい時代の創造

21世紀、日本の思想をどう活かすか

縄文の神々が象徴する価値観は、21世紀の私たちが直面する課題に対する重要な指針となります。

現代文明は、急速な科学技術の発展と共に、環境問題や社会の分断、精神的な豊かさの喪失といった問題を抱えています。

こうした状況の中で、縄文時代の精神が示す「自然との共生」「調和」「循環の思想」は、未来の社会を創造する上で欠かせない視点となるでしょう。

我々はこれまで物質的な豊かさを追求するあまり、環境破壊や社会的格差、精神的

な不安定さを深刻な問題になるまで何もできずにきてしまいました。

特に、経済成長を最優先とし、そのための生産性向上を至上課題とする考え方が、自然資源の枯渇や気候変動を引き起こし、人類の存続自体を脅かし、また人々の暮らしを圧迫するという状況を生み出しています。

中でも生産性向上は、たとえば江戸時代のモノづくりと現代のそれを比べたら、その違いは段違いです。おそらく江戸時代なら一日に300人がかりだった生産が、現代なら2～3人で対応できてしまいます。

さらにこれからの時代には、AIやロボットに仕事が代替されることが確実です。

これまでは生産過剰になった物品を、いらないものであっても広告をすることで無理やりにでも売ってお金にし、その過剰販売によって多くの人々が生計を立てるということが行われてきました。

ですがこれからは必要な分しか生産されず、過剰な需要を広告で喚起するということも行われなくなっていく可能性があります。そしてこのことは、そのまま人々の暮らしを支える仕事が奪われることを意味します。

このような時代において、日本の思想、特に縄文の神々が示す、どこまでも人を重視し、人がカルマを解消することで神上がりするという思想の重要性は、否応なく高まるものと言えます。

さらに縄文文明は、万年の単位で人々が自然と調和しながら豊かな文化を築いたという実績を持ちます。それは**「自分たちが自然の一部である」という認識のもとで、過剰な開発や生産をせずに、人々が相和して暮らすという社会の実現**であったといえます。

この思想は、現代社会において、そのまま応用可能な思想です。

たとえば、再生可能エネルギーの活用、循環型社会の構築、地域資源を活かした経済モデルの確立など、縄文的な発想を現代の技術と融合させることで、新しい時代の文明モデルを生み出すことができます。日本は、古来より「調和」と「共生」の精神を大切にしてきた国です。

少し想像力を働かせてみます。

これまで世界では、「富を得るため」に人々が動いてきたという事実があります。人々は生存、快適さ、地位、力を求めて働き、経済を回してきました。しかし、ＡＩが知的活動を、ロボットが肉体労働を代行する未来が訪れると、「働く」という行為そのものが必須ではなくなる可能性があります。

ではそのとき、私たちは何を生きがいとし、どうやって日々を過ごしていくのでしょうか。

このことについて、いくつかの可能性を想像してみます。

①創造性と自己表現の時代

労働から解放された人々は、芸術、音楽、文学、ゲームなど、純粋な創造活動に没頭していくもとになるかもしれません。ＡＩが効率的な仕事を担う一方で、人間には「無駄で美しいもの」を生み出す役割が残る可能性があると言えるからです。

たとえば、誰もが自分の映画を作ったり、詩を書き続けたり、ＶＲ空間で自分だけの世界を構築したり。

生きる意味は、「自分が何を創れるか」や「どう自分を表現するか」にシフトしていく可能性があります。

もう少しわかりやすく言うと、今はまだ映画やドラマは、作られたものを鑑賞するだけですが、これからはＶＲ空間を使い、そうした映画やドラマの世界に自らも入って生活する、ということが現実になりそうです。

②探求と学びの追求

あるいは知的好奇心が人類を動かす原動力になる可能性もあります。

ＡＩは答えを出すのが得意ですが、「何を問うか」は人間側の特権だからです。

科学、哲学、宇宙の謎を追い求める人が増え、人々の生きる目的が「知ること」や「理解すること」に変わっていく可能性があります。

たとえば、誰もがアマチュア宇宙学者や哲学者として、ＡＩと対話しながら新たなフロンティアを開拓する日常が想像できます。

③関係性と共同体の再定義

これまでのような富や労働が日常の生活の目的でなくなると、人間関係やコミュニティが、社会の中心的機能になるかもしれません。

そうなると、人々は家族、友人、仲間との絆を深めたり、新しい形の社会を築いたりすることに時間を使うことになる可能性があります。

そこでの目的は「誰かとどうつながるのか」や「互いをどう支えるか」。

これまでのような競争ではなく、共創をベースにした小さな集団が世界中に広がるかもしれません。


このように考えますと、それらはすべて縄文社会で実際に行われていたことと、かなり共通性があるように思います。

たとえば縄文時代の人々の生活では、いわゆる食を得るための労働時間は、せいぜい一日に3時間程度であったと言われています。では、残りの余った時間を何に使っていたのでしょうか。

考えられているのは、男たちは貝殻などの堅いものを使って、ブレスレットやアームリングのようなものを作ったり、堅いヒスイの原石を、何ヶ月もかけて削って美しい勾玉を作ったりしていたそうです。そして、そうした装身具を大好きな女性にプレゼントしていた、と言われています。

また、女性たちは美しい花を育てたり、その花で美しい花飾りを作ったりして、家族が温かな気持ちを保持できるようにしていたと言われています。こうした村落内で大量の生花が栽培されていた証拠は、縄文時代に埋葬された遺体の周囲から大量の花粉が検出されることで明らかになっています。

この「埋葬時に花で包む」という習慣は、現代でも続いている習慣ですが、古来、堅いものを加工するのは男性の役割、柔らかなものを加工するのは女性が得意です。

さらに、縄文時代の土偶などの形状からもいろいろなことが読み取れます。

土偶には、実際の人間の姿がかなりデフォルメされている、という特徴があります。そこから、縄文時代の芸術は、リアルさよりも抽象性が大切にされていた、という側面が伝わってきます。つまり、それらは縄文の神々と人々との何らかの繋がりを重んじていた文化を意味していると言えるのです。

また、縄文社会が続いた約1万4000年の間、殺し合いがなかったという特徴をお話ししましたが、その理由のひとつは、小さなコミュニティを世の中の中心に据えていたから、と考えられています。

小さな村落内だけで子孫を残そうとすると血が濃くなってしまうため、自ずと周辺の集落同士で交友し、良縁があれば嫁や婿をもらうという慣習が生まれます。すると異なるコミュニティ同士が互いに大きな親戚となり、相互の騒乱が起きにくくなるのです。

コミュニティが大きくなると、頂点に立つ人の気分で戦争が起こり、巻き込まれた末端の人々がたくさん亡くなります。ですが、親戚という絆がそうさせてしまうことを防いだのでしょう。

このように考えますと、これからやってくる未来社会を迎えるためのヒントは、かつて万年の単位で人々が平和に共存した縄文文明にある、と言えるのです。

この縄文の価値観を再評価し、世界に向けて発信することが、日本が果たすべき役割のひとつなのです。

未来への提言

日本の文明が世界に示せる「新しい生き方」

世界は今、大きな転換期を迎えています。経済成長を最優先とする価値観が見直され、持続可能な生き方や精神的な豊かさの重要性が再評価されつつあります。

このような時代において、日本の縄文的価値観が世界に示せる「新しい生き方」として注目される可能性があります。

日本が示せるのは「循環型社会」のモデルです。

縄文時代の人々は、必要な分だけを利用し、余分なものを持たない生活を送っていました。この考え方は、現代の「ゼロ・ウェイスト（ごみを出さない）」運動や「サステナブルライフ」と通じるものがあります。それらはもともと日本にあったものなのです。

また、現代社会では、精神的な豊かさを求める人々が増えています。**日本の「禅」や「和」の精神は、シンプルな生活を通じて心の平穏を得ることを教えています。**

縄文時代の人々も、自然のリズムに寄り添い、無理のない生き方をしていました。日本が世界に示せるのは、こうした「心を満たす生き方」の実践例です。

さらに、日本の「おもてなし」や「互助の精神」は、社会を支える大きな力となります。競争よりも共存を重視する社会のあり方は、現代の世界が求める新しい価値観となるでしょう。

子どもたちへ縄文的価値観をどう伝えるか

次世代を担う子どもたちに、縄文的価値観をどのように伝えていくかは、日本の未来を形作る上できわめて重要な課題です。

現代の教育は、知識の習得や競争に重点を置く傾向がありますが、それだけではなく、心の豊かさや調和の精神を育むことも大切です。

たとえば、**環境教育の中で、単に「エコ活動を推進する」のではなく、「自然を敬い、共生する」という縄文的な視点を加える**ことができます。

また、道徳教育では、縄文時代の共同体のあり方を学ぶことで、他者と協力しながら生きることの大切さを伝えることができます。

また、日本の伝統文化の学びを深めることも、縄文的価値観を継承するひとつの方法です。

和食や茶道、農業体験などを通じて、「自然の恵みに感謝する心」を養うことができます。教育の場で、縄文の神々が示す価値観を取り入れることで、次世代の日本人がより豊かな人生を歩むことができるでしょう。

企業経営における長期的視点の活用

現代の経済活動では、短期的な利益を追求する傾向が強まっています。

しかし、日本の縄文的価値観は、「長期的な視点を持ち、持続可能な発展を目指す」

ことの重要性を示しています。

この視点は、企業経営においても大きな意味を持ちます。たとえば、環境に配慮した経営方針を打ち出す企業は、長期的に見れば社会的な信頼を得ることができます。また、従業員を単なる労働力と考えるのではなく、家族のように大切にする経営姿勢は、企業の安定性を高めることにつながります。

さらに、日本の企業文化には、「100年企業」と呼ばれる長寿企業が多いことが特徴です。これは単なる利益追求ではなく、「社会との調和」を重視する経営方針があったからこそ実現しているものです。

縄文的価値観を経営に活かし、企業を単なる経済活動の場ではなく、社会と共生する存在へと昇華させることが、これからの時代の成功の鍵となるでしょう。

地域資源を活用しながら持続可能なビジネスモデルを構築することや、従業員の幸福や精神的な充足を重視することが、長期的な成長につながります。

縄文の神々は単なる生産の神ではなく、自然と人々を結びつける存在でした。

経営者もまた、社会全体の調和を考えながら事業を展開することが求められるのです。

おわりに

最後までお読みいただき、誠にありがとうございました。

ベストセラーとなった『縄文文明』をビオ・マガジン様から出版させていただいたのを機に、続編として本書を執筆する機会をいただきました。

最初の原稿では、記紀に登場する神々の紹介を中心にまとめ、丁寧に整理していくことを試みました。

しかし、神々の説明だけなら、今やネットで簡単に検索できる時代です。そこで、もう一歩踏み込み、自分なりに何を伝えるべきかを改めて考え直すことにしました。

これまで、日本の歴史や文化に関する書籍をいくつか執筆してきましたが、本書は、特に縄文時代から連綿と続く日本の精神文化をテーマに据えました。

現代に生きる私たちは、つい過去を「遠いもの」「過ぎ去ったもの」と捉えがちですが、実は日本の神話や伝承には、私たちの暮らしの中に今なお息づく価値観や思想が込められています。

それは「神」とは決して特別な存在ではなく、人が長い時間をかけて魂を磨き、やがて神へと昇華するという、日本独自の世界観です。

縄文時代の人々は、自然と調和し、共に生きることで文明を築いてきました。

そして、その精神は時代を超えて受け継がれ、現在の日本人の価値観の根底に息づいています。

神話とは単なる物語ではなく、先人たちが築き上げた知恵の結晶であり、私たちの生き方に指針を与えてくれるものです。

彼らは、自然界のあらゆる存在に神が宿ると考え、それと共に生きることで社会を築いてきました。

現代社会では、経済的な成功や物質的な豊かさが重視される一方で、精神的な豊かさが軽視されがちです。

しかし、これからの社会を実現するためには、「心の豊かさ」は何より欠かせないものです。

日本人は、古来より「足るを知る」という価値観を持ち、必要以上に資源を浪費せず、調和の取れた暮らしを大切にしてきました。この精神を現代に取り入れることで、環境負荷を抑え、新しい持続可能な社会を築くことができます。

さらに、縄文人は日々の生活の中で自然に感謝し、祈りを捧げる文化を育みました。現代においても、こうした「感謝の心」を持つことは、社会の中で良好な関係を築き、争いを減らすために必要です。

自然や人々とのつながりを意識し、共に生きるという精神を大切にすることが、未来の日本をより良いものにする第一歩となることでしょう。

本書を通じて、縄文の神々が私たちに何を伝えようとしているのか、その声に耳を傾けるきっかけとなれば幸いです。

そして、読者の皆様が本書を読まれたことで、少しでも新たな視点を得て、日本の精神文化の豊かさを再認識する機会となったなら、これ以上の喜びはありません。

長い旅路の果てに、神となるのは私たち自身かもしれません。縄文から続く命の営みを思いながら、日々を大切に生きていきたいものです。

最後に、本書の執筆にあたり、ご協力いただいた関係者の皆様に深く感謝申し上げます。そして、ここまでお読みくださった皆様に、心からの敬意と感謝を捧げます。

ありがとうございました。

小名木善行

小名木 善行（おなぎ ぜんこう）

通称：ねずさん
国史啓蒙家・古典文学研究者
昭和31年1月生まれ。静岡県浜松市出身。
日本の心を解き明かす国史啓蒙の第一人者として、古事記や日本書紀、万葉集、百人一首など、日本の古典文学や歴史研究において幅広い活動を展開。日本の伝統文化と精神を現代に伝えるべく、数々の著書を世に送り出している。
近年はYouTube『CGS』や『結美大学』などの動画出演でも注目を集め、2013年8月より独自のYouTubeチャンネル『倭塾』を開催。日本文化の魅力を世界に発信し続けている。
著書に『縄文文明』（ビオ・マガジン）、『庶民の日本史』（グッドブックス）、『古事記』『日本建国史』『金融経済の裏側』（青林堂）、『ねずさんの世界に誇る覚醒と繁栄を解く日本書紀』（徳間書店）、『子供たちに伝えたい 美しき日本人たち』（かざひの文庫）ほか多数。

縄文の神様

日本人のルーツは古代から伝わる神話にある

2025年4月30日　第一版　第一刷

著　　　者　小名木 善行

発　行　人　西 宏祐
発　行　所　株式会社ビオ・マガジン
〒141-0031　東京都品川区西五反田8-11-21
五反田TRビル1F
TEL:03-5436-9204　FAX:03-5436-9209
https://www.biomagazine.jp/

編　　　集　有園 智美
編 集 協 力　松原 孝臣
校　　　正　株式会社 ぷれす
デザイン・DTP　前原 美奈子
印 刷・製 本　株式会社シナノパブリッシングプレス

ISBN978-4-86588-143-1 C0021